Salzburger Land
Salzkammergut · Salzburg

Kärntner Slowenenradio auf der Großglockner-Hochalpenstraße hören, bajuwarisches Weißbier unterm Kapuzinerberg trinken, böhmische Mohntorte im Salzkammergut genießen, im Saalbacher Après-Ski-Stadl bei den ›schönen Wadln‹ vom ›Anton aus Tirol‹ abtanzen. Salzburg, dieses Land mit einer Hauptstadt, die ihre Pracht italienischen Barockarchitekten und kunstsinnigen Fürsterzbischöfen verdankt, ist ein weltoffener Ort der permanenten Begegnung geblieben. Altösterreichischer Kosmopolitismus verbindet sich aufs glücklichste mit bodenständiger Bergbauernkultur und dem alljährlichen Ansturm von fast vier Millionen Nächtigungen – Gästekarten für Deutsche und Japaner, Amerikaner und Holländer, Schweden und Italiener, um die wichtigsten Salzburgfans und Mozartkugelesser zu nennen. Kein Wunder, ist Karajans Heimat zu alledem noch eine der bedeutendsten Theater- und Musikstädte.

Angst vor der EU, Sorge um die Heimat? Erstens braucht sich die Konjunktur-Lokomotive Salzburg mit ihren Top-Wirtschaftsdaten nicht zu verstecken. Und zweitens: Pinzgau, Pongau, Flachgau, Lungau, Tennengau, das sind Landschaften, in denen fast jeder seine Tracht zu Hause hat, in denen familiäre ›Stubnmusi‹ nicht nur für Touristen gemacht wird, in denen die Heiligenstatuen frisch vergoldet sind und in denen die Leute wissen, wie ein selbstgebackenes Bauernbrot mit Almfassbutter zu schmecken hat.

Hier will man seine Identität ausleben, und weder Tourismus noch EU werden daran ernstlich rütteln können. Vielleicht eher umgekehrt: Der Stolz und der Wille zur Bewahrung wächst mit jedem Besucher. Und die EU hat gerade abgelegenen Kulturlandschaften einiges zu bieten. Wenn man heute auch junge Almbauern wieder mit der Hand Steilhänge absensen sieht, dann ist das eigene Beharrlichkeit, gezielt gefördert durch EU-Bergbauernprogramme. Kurzum, in Salzburg steht die Kirche im Dorf.

Gletscherbrillen auf in den Hohen Tauern, Bergwasser schlürfen in Gastein, auf Alpingondeln über den Hallstätter See gleiten, sich mit frischer Buttermilch von der Sennhütte stärken für den Downride mit dem Mountainbike – oder einfach zwischen Almrausch und Knabenkraut auf die Bergwiese liegen und tief durchatmen. Die Alpen modern machen, ohne sie ihrer Echtheit zu berauben, das ist Salzburger Kunst. In Wort und Bild eingefangen haben sie Peter Peter als Autor und Paul Trummer als Fotograf.

Gehört zum Fest: Schnappsfassl-Trägerin, hier auf dem Samsontreffen im Lungau.

Titel: Salzburg mit Dom und Festung.

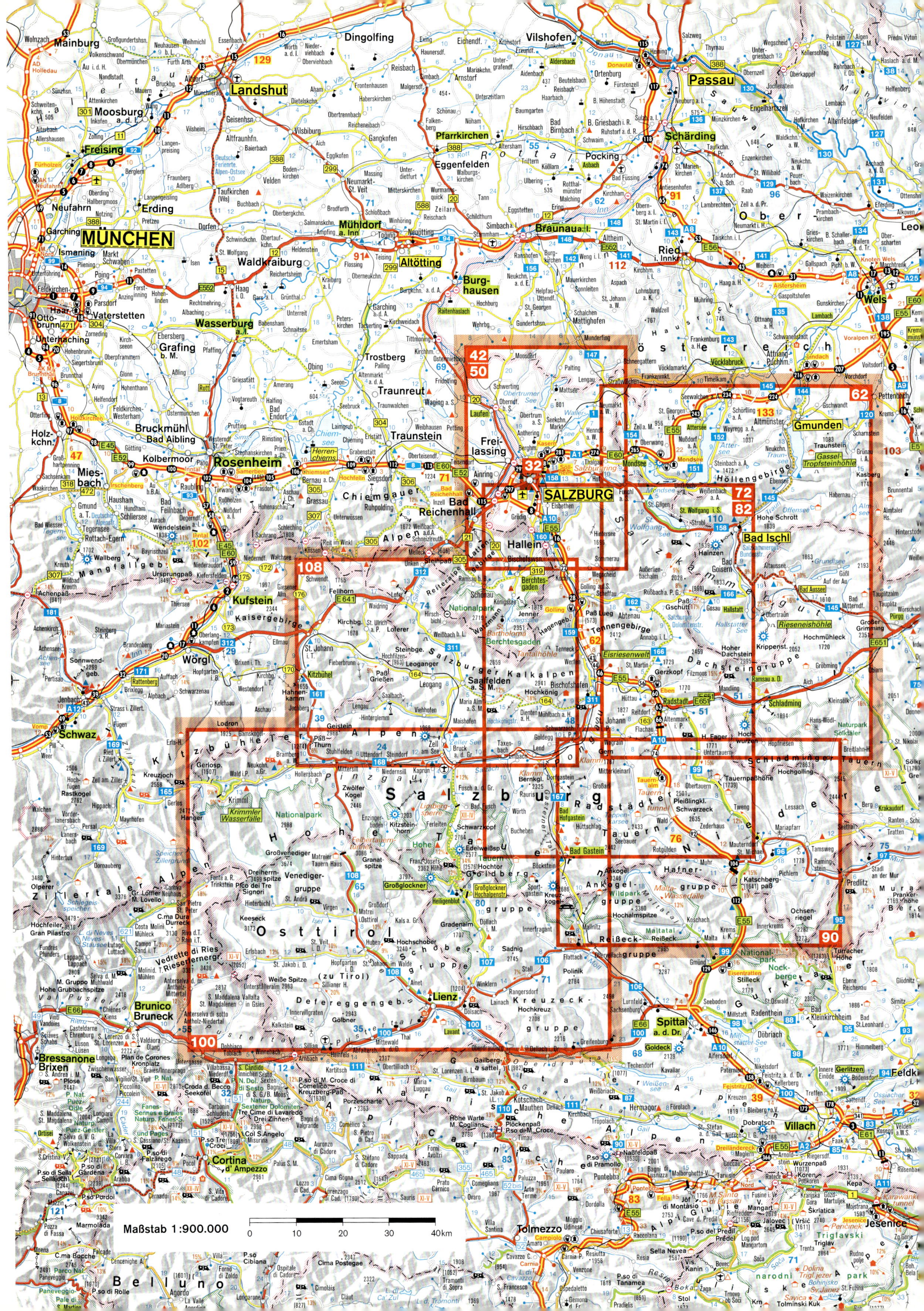

Maßstab 1:900.000
0
10
20
30
40km
Dingolfing
Mainburg
Landshut
Vilshofen
Passau
Moosburg a. d. I.
Freising
Erding
Pfarrkirchen
Eggenfelden
Schärding
Mühldorf a. Inn
Altötting
Burghausen
Braunau a. I.
Ried i. Innkr.
Wels
MÜNCHEN
Waldkraiburg
Wasserburg a. I.
Grafing b. M.
Trostberg
Traunreut
Traunstein
Freilassing
SALZBURG
Gmunden
Bad Ischl
Hallein
Bad Reichenhall
Rosenheim
Bruckmühl
Bad Aibling
Kolbermoor
Miesbach
Kufstein
Wörgl
Schwaz
Kitzbühel
Saalfelden
Bischofshofen
Radstadt
Schladming
Zell am See
Bad Gastein
Salzburg
Osttirol
Lienz
Spittal a. d. Dr.
Villach
Brunico Bruneck
Bressanone Brixen
Cortina d'Ampezzo
Tolmezzo
Jesenice
Belluno

Inhalt

Salzburg ist Bierland: altbajuwarische Gemütlichkeit im ›Bräustübl‹ in Kaltenhausen bei Hallein.

Hauptsache aktiv

Sport und aktiv – das ist die Botschaft, mit der man die Betten füllen will. Klar, Wandern und Skilaufen allein in gesunder Bergluft ist immer noch herrlich. Junge Gäste aber wollen mehr: Snowboard-Funparks, Bungeespringen, Mountainbikeweltmeisterschaften, Wildwasserrafting und Canyoning oder im gelben Bananaboat über türkisblaue Gebirgsseen flitzen. Zum Abtanzen Alpen-Rap. Auch für Bergfexe gibt's neue Ideen: buddhistisches Meditationswandern, geführte Gletscher-Trecks nach Italien oder Wellnesstrips, um die heilenden Alpenkräuter kennen zu lernen.

Familienausflug auf die Katrin, Bad Ischls Hausberg.

Festspiele und Freilufttheater

Österreich ist Theaterland. Und die Eventstadt des Theaters ist Salzburg, wo es längst nicht nur die Festspiele und den ›Jedermann‹ gibt. Mittlerweile ist fast rund ums Jahr Saison für jeden Gusto. Experiment und Provokation in der SommerSzene, Karajan-Nostalgie bei den Pfingstfestspielen, winterliche Mozartwoche für Kenner. Und das Bundesland zieht nach: Seefestspiele und Operette im Salzkammergut, Bauernbühne im Lungau, Dracula in Neukirchen oder Afro-Rap in Saalbach – jedermann das Seine!

Vollgas aus der Tröte: Salzburgs SommerSzene ist international.

Salzburgbummel kulinarisch

Hier gibt es alles, was man sich von Österreich wünscht: Wiener Schnitzel und Tafelspitz, Frittatensuppe und Sachertorte, Heurigenschänken und Kaffeehäuser, wie das 1705 von einem Hoftenor gegründete ›Tomaselli‹ oder das intellektuelle ›Bazar‹ am Salzachufer. Nocken und Krapfen genießt man beim ›Krimpelstätter‹ in Mülln, wer bajuwarischer Braukultur huldigt – Salzburg gehört erst seit 1816 zu Österreich – geht ins ›Stiegl-Bräu‹. Und beherzt in eine Mozartkugel beißt man am besten beim Erfinder, dem Café ›Fürst‹ beim Ritzerbogen am Universitätsplatz.

Tradition wird groß geschrieben im ›Sternbräu‹: eine Salzburger Biererlebniswelt in der Getreidegasse.

Barock und ein Schuss Moderne

Salzburgs Kunsterlebnisse sind vor allem religiös. Die Fürsterzbischöfe ließen prächtige Kirchen errichten: von der hochgotischen Franziskanerkirche über den ›italienischen‹ Dom bis zu den eleganten Barockbauten Fischer von Erlachs. Die religiöse Verbundenheit setzt sich bis in abgelegene Dorfkirchen fort. Die Freude am Weltlichen zeigen Salzburgs Schlösser. Sogar für gefällige moderne Kunst konnten sich die Salzburger inzwischen begeistern: Zu Festspielzeiten boomt die Galeristenszene, und Namen wie Thaddäus Ropac genießen Weltruhm im Modern-Art-Handel.

Prunk zur Ehre Gottes: Altäre und Kanzel von Meinrad Guggenbichler und seiner Werkstatt in der Irrsdorfer Filialkirche Mariä Himmelfahrt.

Ein Genie – viele geniale Ideen

Mozartkugel oder Sportwelt Amadé: Salzburgs größtes Genie, Wolfgang Amadeus Mozart, einst von Fürsterzbischof Colloredo mit einem Fußtritt hinausgeworfen, ist bis heute unermüdlicher Werbeträger – und Schutzpatron der Carver, Huskyschlittenfahrer, Heißluftballonflieger. In Österreichs größtem Skigebiet ist den modernen Werbestrategen zum Thema Amadé sogar noch mehr eingefallen: Ganz privat und maximal zu sechst Geburtstag feiern kann man in der VIP-Gondel Flying Mozart von Wagrain aufs Grießenkareck.

Kesse Maus als Heißluftballon in Filzmoos.

Kuren mit Wohlfühl-Pauschale

Der Badebetrieb im Gasteiner Tal begann schon um 1200. Viele mittelalterliche Herrscher kurten in den Radon-Quellen. 1791 erbaute Graf Colloredo, letzter Fürsterzbischof von Salzburg, das Badehaus: Damit wurde Gastein im 19. Jahrhundert zum luxuriösesten Bad Österreichs. Heute ist Bad Gasteins modernes Felsenbad mit einer Million Liter Thermalwasser gefüllt. Die Noblesse allerdings sucht man vergebens. Dafür gibt's vitalitätssteigernde Wohlfühl-Pauschalen und Heubäder für jedermann. Und das auch in Bad Hofgastein, Bad Dürrnberg, Vigaun oder Dienten am Hochkönig.

Kurort mit Patina: Bad Gastein und seine Hotelpaläste.

Salzburger Land: Leute,

Touristenmagnet Salzburg

So ziemlich alles, was man sich von Österreich wünscht, das bietet Salzburg, die prachtvolle und kirchenreiche Erzbischofsmetropole am Salzachufer. Kunst vom heitersten Barock bis zur skurrilen Hundertwasserfliese, weltberühmte Festspiele und permanente Mozartberieselung, k.k. Kaffeehäuser und uralte Wirtshäuser, Fiaker, Edelweißromantik und Alpenblick. Einkaufen in der Getreidegasse oder Dirndl ausführen beim feierlichen Adventsingen – der Salzburgtourismus steht trotz jährlichen Ansturms von Abermillionen auch für gehobenen Lebensgenuss, für bewusstes Zelebrieren des Austrian way of life. Freilich vergisst mancher dabei gern, dass Salzburg auch eine ganz normale Landeshauptstadt, ein modernes Verwaltungs- und Wirtschaftszentrum ist.

Die Salzmetropole Hallein ist zum Ableger der Salzburger Festspiele geworden: Szene aus dem Hamlet 2000 auf der Pernerinsel.

Die Bevölkerung

Im 7154 Quadratkilometer großen Bundesland Salzburg leben etwa eine halbe Million Menschen (6,3 Prozent der österreichischen Gesamtbevölkerung), in Salzburg Stadt 144 000. Etwa 20 000 Ausländer haben ihren ständigen Wohnsitz in dem Bundesland. Die Salzburger Mundart ist ein mittelbairischer Dialekt. Zirka 80 Prozent der Salzburger sind katholisch, rund 3,5 Prozent evangelisch.

Gaue und Alpen

Zu Salzburg gehört das gleichnamige Bundesland Salzburg: ein historischer Name. Die machtvollen Fürsterzbischöfe, die bis 1803 über das reiche Salzburg herrschten, hatten im Lauf der Jahrhunderte einen Territorialstaat von Slowenien bis Bayern aufgebaut, der die wichtigsten Alpenpässe und reiche Bergwerke kontrollierte.
Trotzdem, in den Gauen genannten Landschaften Salzburgs ist man stolz auf seine eigene alpine Kultur, schielt nicht ständig auf die ferne Landeshauptstadt. Salzburger Land, das ist eine Vielfalt von Regionen, die alle ihr unverwechselbares Profil bewahrt haben: Der Geheimtipp Flachgau verzaubert mit Moorseen, Bräuwirtschaften und jahrhundertealten Gehöften. Der Tennengau mit der Salzmetropole Hallein lockt mit familienfreundlichen Bilderbuchdörfern unter dem Hochkönig.
Der Pongau wirbt mit der Sportwelt Amadé eine der faszinierendsten Skischaukeln der Alpen und bringt regelmäßig Weltstars der Piste hervor. Im zwischen Steiermark und Kärnten versteckten, über 1000 Meter hohen Lungau sind außergewöhnliche, originelle Volksbräuche frisch und lebendig. Und über dem oberen Salzachtal, dem Pinzgau, erhebt sich einer der faszinierendsten Gebirgsstöcke der Hochalpen: das Tauernmassiv mit Großglockner und Krimmler Wasserfällen.
In die Steiermark und nach Oberösterreich lappt das elegante und wertkonservative Salzkammergut hinüber, an dessen Seepromenaden sich die Wiener ebenso wie im Kaiserbad Ischl besonders wohl fühlen.

Tauern und Transit

Naturschutz wird im Bundesland Salzburg groß geschrieben – schließlich stellt die Bergwelt der Alpen auch das touristische Kapital dar. Paradebeispiel: Der 1984 gegründete Nationalpark Hohe Tauern, der sich inzwischen fast 100-prozentiger Zustimmung in den angeschlossenen Salzburger, Tiroler und Kärntner Gemeinden erfreut. Das war nicht immer so, denn absoluter Baustopp für Lifte, Großhotels, Industrie und Kraftwerke stieß zunächst vielen genauso sauer auf wie Jagd- und Flugverbote. Doch lieber Hochgebirgsalmhütten mit Schindeldächern zu restaurieren, Kosmetikkräuterpflanzen anzubauen, Bartgeier auszusetzen und Autostraßen zu Wanderwegen umzuwidmen, trägt reiche touristische Früchte.
Auch wenn der Tauernraum mit seinen drei großen Transittrassen – Felbertauern-, Gasteiner- und Radstädter Tauerntunnel – die Probleme umweltbelastenden Lastkraftverkehrs nicht vermeiden kann, genießt er zu Recht das Image einer vorbildlich-ökologischen Ferienlandschaft.

Wandern auf Keltenwegen

Schon die Kelten und Römer verwendeten die Passstraße über den Tauernpass und Felbertauern. Jahrtausendealte Saumwege, auf denen bis zur Erfindung des Autos die ›Samer‹ Güter mit Mauleseln oder Pinzgauer Kaltblütern über die Alpen schleppten. Haupttauschartikel waren Wein und Luxusgüter aus Italien, das wiederum mit Salz beliefert wurde. Unter dem Logo ›Arnoweg‹ – nach Salzburgs erstem Erzbischof – werden solche historischen Touren als Trekkingwege ausgeschildert. Eine Wiederbelebung uralter Identitäten.
Denn Salzburg und das Salzkammergut sind auch Keltenland, das der Hallstattkultur (450–750 v. Chr.) ihren Namen gab. Die Begeisterung geht weit über museale Aufarbeitung wie im Erlebnis-Keltendorf am Dürrnberg hinaus. Von Keltenkosmetik bis zu Hallstattschmuck, Mondkalendern und druidischen Wünschelrutengängern reicht der Salzburger Celtic Revival. Immerhin, das Salzburger Duo Hal (= Salz)/Heilig soll von einem keltischen Wort herrühren.

Salz, Flöße und Pässe

1300 Jahre Stadtgründer heiliger Rupert beziehungsweise 1200 Jahre Erzbistum Salzburg: 1996 und 1998 haben diese Jubiläumsfeiern die besondere Geschichte Salzburgs wieder in den Blickpunkt gerückt. Denn die einst von einem Bajuwarenherzog an den Abt von St. Peter abgetretene Klostersiedlung hat sich zur unangefochtenen Kulturmetropole der Alpen entwickelt. Grundlage waren die staatliche Selbstständigkeit Salzburgs bis 1803 und die kraftvolle Politik der Salzburger Fürsterzbischöfe, die meist aus Österreichs ersten Adelsfamilien stammten.
Und das Geld oder Gold. Salzburg war einer der reichsten Staaten des Deutschen Reichs, besaß es doch einige der ergiebigsten Gold-, Silber-, Erz-, Kobalt- und Arsenbergwerke Europas – noch heute ist das Land voller Schaubergwerke. Dazu kamen die Mautrechte an den wichtigsten Alpenstraßen wie dem Tauernpass. Und das Salz, gegen das man Luxusgüter aus aller Welt eintauschen konnte. Schwarzer Schatten auf purpurroter Weste: Die Vertreibung von zirka 20 000 Salzburger Protestanten 1731/32.

Eines der glänzenden Wahrzeichen Salzburgs ist die gotische Pacher-Madonna in dem barocken Hochaltar der Franziskanerkirche.

Geschichte, Wirtschaft

Bauernland in EU-Zeiten ...

Salzburgs Gaue und Bergtäler sind immer noch Bauernland – wenn auch oft mit zusätzlichem Nebenjob. In EU-Zeiten kein leichter Stand. Denn die kleinteilige, meist familiengeprägte Landwirtschaft liefert zwar höchstwertige Lebensmittel, ist aber trotz mancher Europasubventionen für Bergbauern voll dem Wettbewerb der europäischen Agrarindustrie ausgesetzt.
Die Lösungsmöglichkeit liegt in der vorbildlichen Direktvermarktung, in der Österreich auch nach Meinung deutscher Landwirtschaftsminister die Nase vorn hat. Auf Wochenmärkten gibt es Tauernlamm mit Gütesiegel, Bio-Ziegenkäse oder Bergselchfleisch zu kaufen, und viele Wirtschaften legen Wert darauf, dass das Schnitzel vom Fleischhauer um die Ecke kommt, der es von der Alm gekauft hat.

Neben dem Tourismus – hier St. Wolfgang am Wolfgangsee – tragen Landwirtschaft und Industrie zu einer stabilen Wirtschaftslage bei.

... mit Computer im Stall

Salzburger Bäuerinnen haben sich schon längst zu Kooperativen zusammengeschlossen, viele büffeln sich zur computergestützten ›Seminarbäuerin‹ empor und kommen auf neue Ideen. Holen die Konsumenten zum Schaukäsen oder Holzofenbrotbacken direkt in den Hof. Oder warum soll das Fitness-Hotel um die Ecke nicht gezielt seinen scheidenden Gästen einen Präsentkorb mit Tennengauer Produkten anbieten: Luxuriöser ›Vogei‹-Brand (Eberesche), hüttengereifter Almkäse, Moosbeermarmelade und kochfertige Pressknödel. Nimm Salzburg mit nach Hause!
Nicht nur Touristen einheimische Produkte schmackhaft machen soll auch der Bauernherbst. Über 80 Orte machen seit 1996 ›Lust aufs Land‹. Ein gigantisches Spektakel mit traditionellen Bauernmärkten, Brotbacken, Schaukäsen, Almhütten-Frühstück, Speckessen beim Bergbauern, Handwerk und Volksmusik.

Profil um jeden Preis

Zimmer frei: Die Schilder sieht man im Sommer immer häufiger. Denn in Zeiten der Billigflüge sind die Alpen nicht mehr selbstverständliches Lieblingsferienziel der Deutschen. Außerdem hält die globale Fun-Gesellschaft trotz Freeclimbing und Paragliding traditionelles Bergwandern schon lange nicht mehr für den ultimativen Kick. Die Lösung: sich in bestimmten Nischen etablieren, gezielt Zielgruppen ansprechen. ›Hundemüde? Katzenjammer?‹ – wirbt zum Beispiel Neukirchen am Großvenediger mit Wellnessferien fürs Zamperl und den Halter. Kaprun will Goldwäscher anziehen, Straßwalchen Ballonfreaks, Saalbach hat's mit der Pflege einer finanzstarken, vergnügungsorientierten Ski- und Après-Ski-Klientel schon lange vorgemacht und Mauterndorf setzt auf kulinarisches Genießen.

Wirtschaftliche Poleposition

Topwerte: Auf die Arbeitslosenrate von 4,6 Prozent im Bundesland Salzburg können die deutschen Nachbarn nur neidisch schielen. Die österreichischen auch. Denn das Bundesland Salzburg nimmt die wirtschaftliche Poleposition der Alpenrepublik ein. Nicht nur jährlich etwa 22 Millionen Übernachtungen tragen dazu bei, sondern auch eine solide Wirtschaftsstruktur. Besonders wichtig: Bauwirtschaft, Textil- und Schuhbranche, die vom Trachtenboom der letzten Jahre profitiert, sowie Traditionsunternehmen wie Porsche Austria in Salzburg mit 6000 Arbeitsplätzen, Liebherr-Kräne in Bischofshofen und die Skifabriken Blizzard (Mittersill) und Atomic (Altenmarkt). Kein Wunder, dass man da auf ›Gastarbeiter‹ zurückgreifen muss, allerdings zum Großteil aus den östlichen Bundesländern. Ansonsten sind etwa 20 000 Ausländer in Salzburg beschäftigt, saisonal im Gast- und Hotelgewerbe weit mehr.

Die herrliche Landschaft und Kultur sind immer noch das größte touristische Kapital: Kuchl vor dem schneebedeckten Hohen Göll.

Sennerin auf kurzen Beinen – ›Fußvolk‹ der riesigen Samsonläufer, die im Lungau auch immer mehr Touristen in ihren Bann ziehen.

Brauchtum und Après-Ski

In Saalbach-Hinterglemm, wo über zwei Millionen Nächtigungen auch unterhalten werden wollen, zeigt sich Österreich als Entertainment-Weltmeister für das Skipublikum. Daneben ist Salzburg das Land des innigen Adventsingens, der Christkindlmärkte und Trachtenkapellen geblieben. Und mancher Vermieter veranstaltet für seine Gäste sogar ›Stubnmusi‹ mit Hackbrett und Zither.
Bunt bis kurios sind die Feste und Bräuche. Vor allem die Umzüge mit irrwitzigen Masken – Perchten und Krampusse –, die in den Raunächten zwischen dem 21. Dezember und 6. Januar die Winterdämonen vertreiben sollen. Der Fasching, im süddeutschen Sprachraum eher auf dem Rückzug, triumphiert mit phantasievollen Kostümen in Ebensee im Salzkammergut. Im Lungau haben sich uralte slawische Volksbräuche erhalten. Die Samsonläufe, ursprünglich zu Fronleichnam, erinnern ebenso wie das Tragen der riesigen blumenumwundenen Prangstangen an phallische Fruchtbarkeitsdämone vorchristlicher Zeit. Poetische Frühjahrsprozession ist das Narzissenfest in Altaussee ganz im Osten des Salzkammerguts.

Nur ein Treffpunkt von vielen in Salzburg: Straßencafé vor Mozarts Geburtshaus am Universitätsplatz.

Festlich, majestätisch, beschwingt: Salzburg

Salzburg ist das gefällige Konzentrat Österreichs – und seiner touristischen Images. Barockkirchen und Fiaker, Würstelstände und Kaffeehäuser, Lodenlook und Mozartporträts wohin man blickt. Doch Salzburg ist nicht in Tradition erstarrt und verwaltet nur sein fürstbischöfliches Erbe. Die Festspiele sind nach der Karajan-Ära demokratisiert und modernisiert worden und auf die Experimentierfreude der sommerlichen Theaterszene kann man sich beruhigt verlassen.

△ Schöner kann die Ansicht von Salzburg kaum sein: Altstadt mit dem Untersberg im Postkarten-Panoramaformat

Nostalgischer Salzburgbummel im Fiaker ▽

△ Schach – noch lange nicht matt – am Kapitelplatz

Von der Festung Hohensalzburg liegt einem die Stadt mit Franziskanerkirche und Dom zu Füßen – jenseits der Salzach der Kapuzinerberg ▽

Zartgrüner Rokokostuck überzieht Salzburgs von 1753 bis 1786 barockisierte romanische Stiftskirche St. Peter ▽

Die gelungene Koexistenz von altehrwürdigen Gotteshäusern, Kunstgalerien und Kommerz auf engstem Altstadtraum zeigt: Salzburg ist nicht touristisch ausgebrannt, sondern immer wieder ein Fest für die Sinne.

Sponsoren in Purpur

Dafür sorgten schon die meist hochadligen Fürsterzbischöfe, die den stolzen Titel Primas Germaniae trugen. Ihre ›Bauwut‹ machte die durch den Salzhandel reich gewordenen Stadt zu einer der schönsten der Welt. Ob sie sich wie Leonhard von Keutschach (1495–1519) die Festung mit holzgetäfelten ›Prälatenstüberln‹ ausschmücken ließen. Ob sie wie Wolf Dietrich von Raitenau (1587–1612), in dessen Adern Medici-Blut floss, und Markus Sittikus (1612–1619) italienischen Renaissanceprunk liebten. Oder ob sie wie der ›Welschenhasser‹ Johann Ernst Graf von Thun (1687–1709) Johann Fischer von Erlach mit Großprojekten überhäuften.
Ein Blick vom Mönchsberg auf das Meer der Kuppeln und Kirchtürme zeigt: Das lebensfrohe Salzburg ist auch urbanistisch eine heilige Stadt. Immerhin hat der irische Schutzpatron Rupert schon im 7. Jahrhundert auf den Trümmern des römischen Iuvavum das Petersstift, die Keimzelle der Stadt, gegründet.

Der Zauber Italiens

Nicht zum Schaden Salzburgs. Denn die weiten Plätze, die einst der absolutistisch herrschende Wolf Dietrich von Raitenau durch Abriss von Bürgerhäusern gewann, tragen entscheidend zum Flaniercharme der Salzachmetropole bei. Dazu die mit Lipizzaner-Statuen geschmückten Schwemmen und Brunnen, in ihrer Inszenierung Bernini und Roms Fontana di Trevi abgelauscht.
Unverwechselbare Italianità nördlich der Alpen: die Stadt als Bühne. Eine Form urbanistischen Lebensgenusses, die von den Einheimischen gepflegt und von den Gästen begeistert aufgegriffen wird. Ob beim Marktbummel oder beim Gottesdienst, für das elegante Salzburg macht man sich einfach gerne fein.

△ Attraktives Duo auf dem Salzburger Mozartplatz: klangvoller Freizeitjob für Mozarteumstudentinnen

△ Kunst braucht Käufer – Straßenatelier mit Salzburgansichten am Alten Markt

△ Am Florianibrunnen

SommerSzene-Happening vorm ›Tomaselli‹ ▽

△ Der Alte Markt – Salzburgs Salon

No Dresscode? Passanten in der Getreidegasse ▽

Eine Stadt vermarktet ihr Erbe

Schwer zu glauben, dass der schöne Glanz Salzburgs Ergebnis erbitterter Auseinandersetzungen ist. In den 1970er Jahren rettete eine Bürgerinitiative mit dem Fernsehschauspieler Herbert Fux die Getreidegasse mit ihren jahrhundertealten Durchhäusern buchstäblich in letzter Minute vor Totalmodernisierung. McDonald's und Nordsee, die nach Aushängen eines schmiedeeisernen Zunftschildes direkt neben Mozarts Geburtshaus einziehen durften, werden es ihm zu danken wissen. Dennoch, noch immer hat der Waren- und Ladenmix in der Altstadt im Vergleich zu bundesdeutschen Fußgängerzonen anheimelndes Lokalkolorit bewahrt. Ebenso wie die Salzburger Totalvermarktung von Adventsingen, Kleiner Nachtmusik und so weiter – warum soll Kultur, bitteschön, kein Devisenbringer sein?

Mozart und die Japaner

Dai Ichi sei Dank. Denn der Tokyoter Versicherungskonzern hat Salzburg eine seiner größten Attraktionen beschert. 1994/95 ließen die Japaner kurzerhand das gesamte, im Krieg beschädigte Mozart-Wohnhaus am Makartplatz, das durch einen anonymen Büroklotz entstellt war, nach Originalplänen wieder aufbauen. Die vielen japanischen Studenten, die an der Universität Mozarteum Bratsche oder Gesang studieren, sind nicht mehr nur auf das Zauberflötenhäuschen im Bastionsgarten der Stiftung an der Schwarzstraße angewiesen, um das Leben des verehrten Komponisten virtuell zu verfolgen. Denn im ›Tanzmeisterhaus‹ hat der Salzburger Olympier auf der Lebensreise zwischen Wunderkind und Wien von 1773 bis 1781 gewohnt – und war Mitglied im Böllerschützenverein.

Alte Gewölbe, junge Wilde

Kreativ in Salzburg: Wunderknabe Amadeus Mozart, privat eine Mischung aus aufrührerischem Feuerkopf und Salzburger Knödelesser, wurde einst mit Fußtritt von Erzbischof Colloredo aus dem Amt gejagt und hatte folglich zu den Salzburgern, für die er heute Werbung macht, ein gespaltenes Verhältnis:

△ Feingemacht für das Festspielhaus: Die Salzburger Sommerfestspiele sind noch immer ein elegantes Ereignis

△ Der Maestro ist tot, es lebe der Maestro: CDs und Videos der Salzburger Klassikikone Herbert von Karajan

Grande Opera in der Felsenreitschule, ... ▽

Putzmuntere Pferde – die Marstallschwemme ▽

△ ... einzigartig in ihrem nächtlichen Ambiente

Das Bürgerspital mit seinem Arkadenhof birgt heute das Spielzeugmuseum ▽

›Mir ist ihre sprache – ihre lebensart ganz unerträglich.‹ Heute haben sich die Künstler mit der Bürgerstadt arrangiert. 1953 gründete Oskar Kokoschka auf Hohensalzburg die erste europäische Sommerakademie, an der Künstler wie der Aktionist Markus Lüpertz oder ›Schlachthohepriester‹ Hermann Nitsch lehren. Und die Galerieszene boomt besonders zu Festspielzeiten. Als Zeremonienmeister gilt Thaddeus Ropac, der bei seinen Art-Soireen Salzburger Adelsdirndl und internationales Who's Who zusammenbringt, um Baselitz, Beuys oder British Sex zu beäugen. Aber auch ›junge Salzburger Wilde‹ werden rangelassen. Etwa in Octavian Trauttmansdorffs Galerie Fotohof. Oder im altehrwürdigen Salzburger Künstlerverein von 1844, in dessen orangerotem Café ›Cult‹ die kreative Avantgarde gerne Melange schlürft.

›The Sound of Music‹

Siebzig Prozent aller Amerikaner kommen nicht für Markus Sittikus, Mozart oder Ropac in die Salzachstadt, sondern wegen eines Musicals von Rodgers und Hammerstein, das weder Durchschnittsdeutsche noch Durchschnittsösterreicher kennen. ›The Sound of Music‹ erzählt die herzrührende – auf wahren Begebenheiten beruhende – Story des verwitweten Barons Georg Ritter von Trapp, der für seine sieben Kinder eine Gouvernante sucht ... und sich in sie verliebt. Maria von Kutschera, eine Nonnberg-Novizin, wird seine Frau.

Als die Familie 1938 vor Hitler in die USA flieht, muss sie ihren Lebensunterhalt mit dem Singen Salzburger Volkslieder verdienen. Die Verfilmung mit Julie Andrews – und dramatischen Fluchtszenen aus der Felsenreitschule – gewann 1965 fünf Oscars und ist als Video überall in Salzburg erhältlich. Wer einmal keine deutschen Touristen sehen will, geht in die abendliche Sound-of-Music-Show im ›Stiegl-Keller‹.

Festspiele und Sommerszene

Bei diesem Sommertheater diskutiert ganz Österreich mit: Die Salzburger Festspiele, 1920 von Hugo von Hofmannsthal, Max Reinhardt und Richard Strauss voll En-

△ Angestrahlter Glanz: Salzburgs nächtlicher Dom Täglich neue Melodien vom Residenzglockenspiel ▽

△ Heilige Hallen – im Dommuseum

△ Die Lockung der ›Buhlschaft‹: Seit 1920 ist die Salzburger Domtreppe Bühne für Hugo von Hofmannsthals ›Jedermann‹

△ Für Eminenzen und Exzellenzen: Audienzsaal in der Alten Residenz

Festspiel-Eröffnung mit Fackeltanz am Residenzbrunnen ▽

thusiasmus aus der Taufe gehoben, sind schließlich ein Stück österreichischer Identität. So lange Maestro Karajan, der erste Klassikstar der Plattenindustrie, den Taktstock schwang, vereinte sein Geniekult die Anbeter. Doch die Ära des befehdeten Belgiers Gerhard Mortier demokratisierte, provozierte, modernisierte. Heute sind die Salzburger Festspiele auch von den Machern her ein internationales Event.
Und es ist leichter geworden, Karten zu bekommen. Denn die eingeschworene Klassikgemeinde huldigt Karajans Berliner Philharmonikern bei den Pfingstfestspielen, und das einstige Gegenfestival ›Szene der Jugend‹ hat sich längst zum etablierten Sommer-Experimentiertheater gemausert. 2002 ist jedenfalls Stabwechsel. Der deutsche Nestroy-Spezialist Jürgen Flimm vom Hamburger Thalia-Theater wird die künstlerische Leitung übernehmen.

›Jedermann‹ für jedermann

Salzburgs Dom: ein Gotteshaus für das große Welttheater der Gegenreformation. Dombaumeister Santino Solari schuf Emporen, die an mächtige Opernlogen erinnern und die Einheimischen, die in malerischem Loden zur Palmweihe oder Adventmesse streben, wissen diesen feierlichen Rahmen wohl zu schätzen.
Aber auch die Regisseure, die seit 1920 auf den Domtreppen Hugo von Hofmannsthals ›Jedermann‹, ›Das Spiel vom Sterben des reichen Mannes‹, aufführen und die erotische ›Buhlschaft‹ in Szene zu setzen wissen. Ein Knackpunkt der Salzburger Festspiele, an dem sich Modernisierer bis heute die Zähne ausbeißen. Immerhin ist der Dauerbrenner auch ein Exportschlager: Jedermann-Bühnenspiele gibt es mittlerweile sogar im hanseatischen Lübeck.

Nächtliche Pistenszene

Ein bisschen ist Salzburgs Nightlife immer noch wie zu Zeiten der Fürsterzbischöfe. Das ›Laster‹ blüht in verschwiegenen Kellerlokalen und Gassen wie der ›Gstätten und der Stein‹ unter Mönchs- und Kapuzinerberg. Die Schickeria lässt sich im ›Maestro‹ unter Karajanposter von Motorradledertypen Cham-

△ Marmorstatuen und Springbrunnen: barocke Gartenkunst am Schloss Mirabell

Mit großem Aufwand auch ganze Opern und Ballette inszeniert das Salzburger Marionettentheater ▽

△ Abteilung für sich: Zwergerlgarten im Mirabellpark

Radweg Salzachkai ▽

△ Schloss Mirabell: freche Putten in Salzburgs schönstem Treppenhaus, ... Mozartkonzert im Marmorsaal ▽

pagner servieren, voll proll geht's im ›Felsenkeller‹ im Toscaninihof her – hier badet mancher VIP im Volk.
Im ›Andreas Hofer‹ mit seinem Alt-Heidelberg-Charme treffen sich Studenten und auffallend hübsche Salzachnymphen bei Verhackertsbroten, die Technoszene tobt im Luftschutzbunker des ›Cave‹, und Trendsetter umlagern die 50er-Jahre Theke des ausgedienten ›Stadtkinos‹. Bei Berliner Sperrstunden ist after midnight kein Problem und wer unbedingt seine österreichische Nil braucht: Die Nachttrafik am Mozartsteig ist bis 2 Uhr offen!

Ein Schloss für die Geliebte

Alles Männer, die Erzbischöfe. Einer von ihnen, Wolf Dietrich ließ seiner geliebten ›Gattin‹ – und zehnfachen Mutter – Salome Alt (1568–1633) das Lustschloss Mirabell errichten. Salzburgs großen Frauen von der heiligen Erentrudis (7. Jahrhundert) und der Münzmeisterin Barbara Thenn (1519–1579) bis zur Napoleongeliebten Eva Kraus, alias Freiin von Wolfsberg, von der ›tapferen Bahnbrecherin der Frauenbewegung‹ Irma von Troll-Borostyáni (1847–1912) bis zur von Hitler hingerichteten Maxglaner Kommunistin ›Ratzi‹ Hofmann (1919–1943) ist das städtisch geförderte Projekt ›Frauenspuren‹ gewidmet. Mittlerweile verweisen überall in der Stadt kokett geknöpfte Damenstiefeletten auf Gedenktafeln an den weiblichen Part Salzburger Kultur.

Salzburg topmodern

Hinter Lukas von Hildebrandts Schloss Mirabell funkelt ein neues gläsernes Hochhaus in der Sonne. Salzburgs topmodernes Kongresshaus mit 15 000 Quadratmetern Fläche. Ob die Tagungsteilnehmer nicht zum Schwänzen durch die Nähe von Parkbänken und Blumenrabatten, durch Zwergerlgarten, Puttostiege und das verwunschene barocke Heckentheater verlockt werden, bleibt dahingestellt. Salzburg setzt jedenfalls auch wirtschaftlich auf Drehscheibe und Begegnungspunkt, auf EU und Internet. Nicht umsonst ist nach dem Tourismus der Gütertransit die Nummer eins. Nicht umsonst gilt die Landeshauptstadt als das charmante ›Tor Österreichs‹.

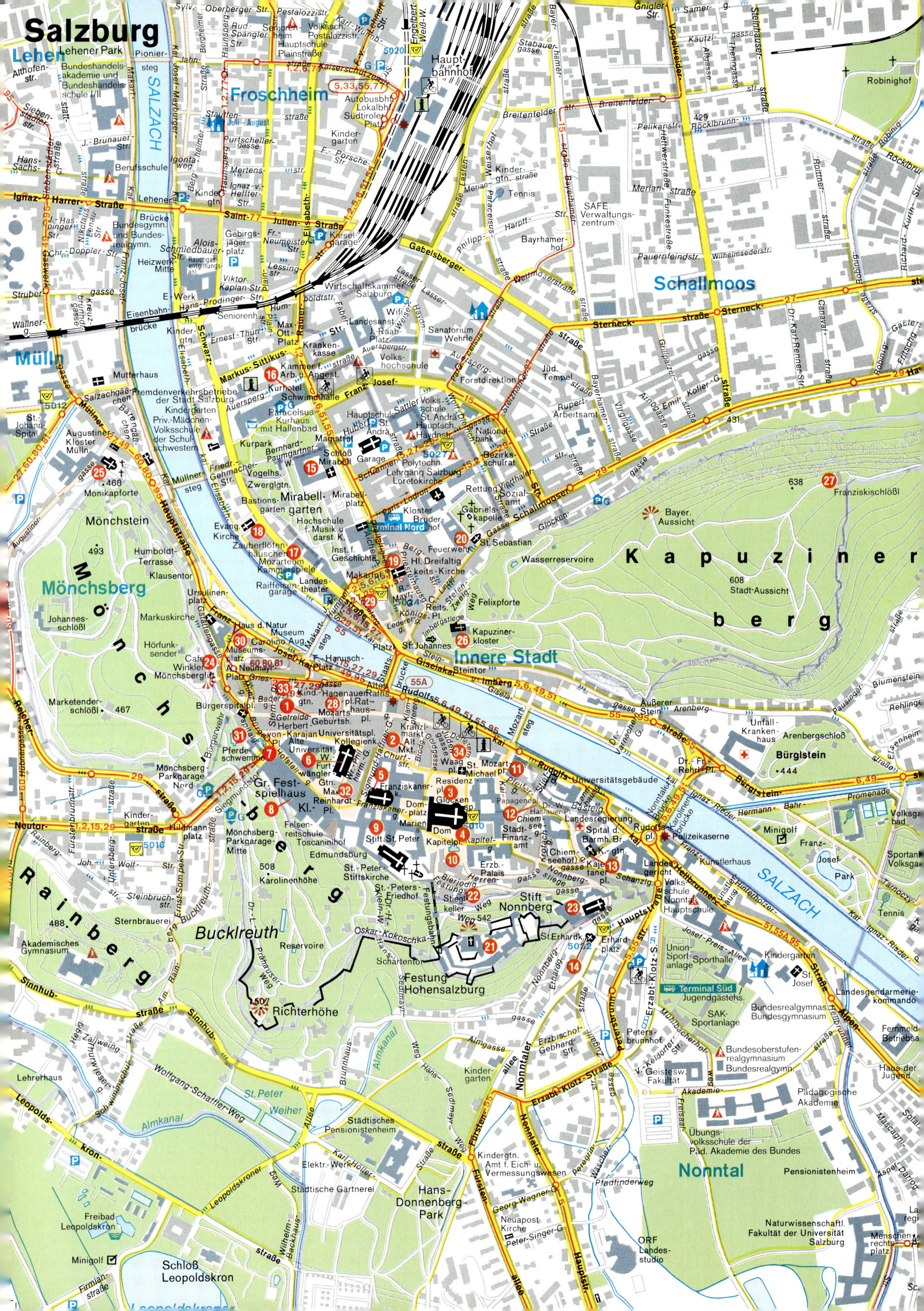
Salzburg
Lehen
Lehener Park
Froschheim
Hauptbahnhof
Schallmoos
Robinighof
SAFE Verwaltungszentrum
Mülln
Mönchstein
Mönchsberg
Kapuzinerberg
Innere Stadt
Franziskischlößl
Bayer. Aussicht
Wasserreservoire
Stadt-Aussicht
Felixpforte
Kapuzinerkloster
Mirabellgarten
Schloß Mirabell
Landestheater
Mozarteum
Terminal Nord
Terminal Süd
Bürglstein
Arenbergschlößl
Unfallkrankenhaus
Polizeikaserne
Universitätsgebäude
Dom
Residenz
Festspielhaus
Kollegienkirche
Mozarts Geburtsh.
Stift St. Peter
Stift Nonnberg
Festung Hohensalzburg
Richterhöhe
Bucklreuth
Rainberg
Nonntal
Karolinenhöhe
Humboldt-Terrasse
Johannesschlößl
Marketenderschlößl
Hans-Donnenberg-Park
Schloß Leopoldskron
Freibad Leopoldskron
St. Peter Weiher
Almkanal
Städtische Gartnerei
Naturwissenschaftl. Fakultät der Universität Salzburg
Pädagogische Akademie
ORF Landesstudio
Salzach
Sternbrauerei
Akademisches Gymnasium
Kapuzinerberg
Neutor
Staatsbrücke
Mozartsteg
Karolinenbrücke
Nonnberg
Leopoldskroner Weiher

Wo gibt es was?

Nadelnummer = Textnummer ❶ = Auskunft

Salzburg

Landeshauptstadt (144 000 Einw.) an der Salzach, geschützt von Mönchs-, Festungs- und Kapuzinerberg. Seit dem 8. Jh. (Erz-) Bischofssitz. Kur-, Messe-, Kongress- und Universitätsstadt, Sitz der Europäischen Akademie der Wissenschaften und Künste. Österreichzentrale von Porsche. Eine wirtschaftlich zentrale Rolle spielt das Transit- und Transportwesen.

Altstadt ①–⑭

Jeder muss durch die **Getreidegasse** ① mit den schmiedeeisernen Ladenschildern und spätmittelalterlichen Durchhäusern. Am **Alten Markt** ② mit dem Florianibrunnen liegt das Café ›Tomaselli‹. Vorbei an luxuriösen Geschäften, erreicht man den **Residenzplatz** ③ mit dem Residenzbrunnen (1658) im italienischen Stil (siehe Museen). Der 1628 geweihte **Dom** ④ des Italieners Santino Solari, ein Meisterwerk des Frühbarock, wurde nach Bombenschäden 1944 gründlich restauriert (siehe Museen). Über den Domplatz mit der Mariensäule geht es zur **Franziskanerkirche** ⑤. Im hochgotischen Hallenchor (Weihe 1460) birgt der barocke Hochaltar die berühmte Pacher-Madonna (1495). Barock pur ist Fischer von Erlachs für die Universität erbaute **Kollegienkirche** ⑥ (1694–1707), vor welcher der malerische Grünmarkt abgehalten wird.
Die **Marstallschwemme** ⑦ mit ihren barocken Rossebändigern steht neben dem Siegmundstor, Zugang zu den Altstadtgaragen im Mönchsberg. Gegenüber der **Festspielbezirk** ⑧: Das **Große Festspielhaus** (1956–60) wie das **Kleine Festspielhaus** (1926) wurden von Clemens Holzmeister errichtet. An den Mönchsberg schmiegt sich Fischer von Erlachs **Felsenreitschule** (zugängl. nur bei (Auf-)Führungen). Das altehrwürdige **Petersstift** ⑨ geht auf die Klostergründung des Irischen Apostels Rupert zurück (7. Jh.). Die Stiftskirche mit dem romanischen Glockenturm ist im Innern mit Rokokostuck überzogen und birgt das Grab des Heiligen. Zum Klosterkomplex gehören das urig-elegante Restaurant **›Peterskeller‹** und der **Petersfriedhof** mit alten Katakomben, sehr gepflegten Gräbern und Kapellen.
Den ausgestorbenen **Kapitelplatz** ⑩ ziert die Kapitelschwemme (1732). Touristischer Treffpunkt ist der **Mozartplatz** ⑪ mit Mozartstatue (1842), von wo aus man den Waagplatz, die Judengasse und die winzige **Michaelskirche** (8./18. Jh.) erkunden kann. Am intimen **Papagenoplatz** ⑫ steht eine moderne Vogelfängerstatue. Zu einem Krankenhaus gehört die **Kajetanerkirche** ⑬ (1684–1700); im südwestlichen Klostertrakt Heilige Stiege. **St. Erhard im Nonntal** ⑭ (1685–89) besticht wegen virtuos kaschierten Platzmangels.

Neustadt ⑮–⑳

Schloss Mirabell ⑮ wurde von Wolf Dietrich von Raitenau für seine morganatische Gattin Salome von Alt als Sommersitz errichtet und 1721–27 von Lukas von Hildebrandt zum Barockschloss ausgebaut (heute Amtssitz des Bürgermeisters). Treppenhaus mit Putten von Georg Raphael Donner, Marmorsaal (zugängl. bei Konzerten und Trauungen). Im Mirabellgarten (siehe auch Museen) Pegasusbrunnen (1661) und Bepflanzung à la 1690, im Zwergerlgarten skurrile Steinzwerge (um 1715). Dahinter das 2001 eröffnete **Kongresshaus** ⑯. Das Gebäude (1910–14) der Internationale Stiftung **Mozarteum** ⑰, Schwarzstr. 26, birgt Konzertsäle. Benachbart das **Marionetten-**, Schwarzstr. 24, und **Landestheater**, Schwarzstr. 22. Die ev. **Christuskirche** ⑱ bauten 1864 dänische Kriegsgefangene. Die Bauarbeiten der **Dreifaltigkeitskirche** ⑲ (1694–1704) leitete Fischer von Erlach. Die im Rokoko erneuerte **Sebastianskirche** ⑳ (1753) birgt das Grab von Paracelsus (1493 bis 1541); auf dem Friedhof ruhen Mozarts Gattin Constanze († 1842), Vater Leopold († 1787), in der Gabrielskapelle (um 1600) Wolf Dietrich von Raitenau (1559–1617).

Stadthügel ㉑–㉗

Wahrzeichen Salzburgs ist die **Festung Hohensalzburg** ㉑ auf dem Festungsberg (1077, Umbauten bis Ende 17. Jh.) mit Festungs- und Rainiermuseum (Erinnerungsstätte des ehem. Salzburger Hausregiments). Höhepunkte sind die Goldene Stube (1502) sowie das Spielwerk ›Salzburger Stier‹ (1502); Besichtigung tgl. ca. 9–18 Uhr. Welt der Marionetten (Mitte April–Mitte Okt. tgl. ca. 10–17 Uhr). Zur Burg geht's per Festungsbahn, Festungsgasse 4, oder auf Treppenwegen, vorbei am **›Stiegl-Keller‹** ㉒, Festungsgasse 10, der 1492 gegründeten Brauerei (herrliche Aussicht). Auf dem Nonnberg steht die um 700 gegründet **Benediktinerinnen-Abtei Nonnberg** ㉓. Die gotische Kirche bewahrt romanische Fresken (um 1150). Ein Lift, Gstättengasse 13, oder eine Wanderung über den Mönchsberg führt zum **Café ›Winkler‹** ㉔, zur kostbar ausgestalteten **Müllner Pfarrkirche** ㉕ (um 1450) und zum **Augustiner Bräu**, Augustinergasse 4, des Klosters Mülln gegenüber. Der Kapuzinerberg ist Wanderrevier. Sehenswert sind das **Kapuzinerkloster** ㉖ (1602), unterhalb die aussichtsreiche **Hettwer-Bastei**, und das ca. 10 Min. entfernte Gartenlokal **›Franziskischlößl‹** ㉗ (17. Jh.).

Museen ㉘–㉞

In **Mozarts Geburtshaus** ㉘, Getreidegasse 9, lebte Familie Mozart 26 Jahre bis 1773 (tgl. 9–18/19 Uhr). Das kriegsbeschädigte **Mozart-Wohnhaus** ㉙, Makartplatz 8, wurde 1994/95 wieder aufgebaut (tgl. 9–18/19 Uhr). Die **Prunksäle** der ehem. fürstbischöflichen **Residenz** ③ (ab 16. Jh.), Residenzplatz 1, werden auch für Messen und Empfänge genutzt. Die **Residenzgalerie** zeigt Gemälde von Rembrandt bis zum Salzburger Biedermeier (tgl. 10–17, Okt.–März mi geschl.). Das Residenzneugebäude (17. Jh.) soll ab 2003 die Sammlungen der Stiftung der Kaiserwitwe Caroline Auguste (1792–1873) aufnehmen. Bis dahin gibt das **Salzburger Museum Carolino Augusteum** ㉚ noch am Museumsplatz 1 Einblick in die kulturhistorische Entwicklung des Landes von der Prähistorie bis zur Neuzeit (tgl. 9–17, do bis 20 Uhr). Naturkundemuseum mit Aquarium, Reptilienzoo, Kristallen, Weltraumhalle, Reise durch den menschlichen Körper ist das **Haus der Natur**, Museumsplatz 5 (tgl. 9–17 Uhr). **Spielzeug** und **Musikinstrumente** ㉛ im Bürgerspital, Bürgerspitalgasse 2 (di–so 9–17 Uhr). Malerei, Graphik, Plastik und Fotografie des 20. Jh. zeigt das **Rupertinum** ㉜ mit Fassadenfliesen von Hundertwasser, Wiener-Philharmoniker-Gasse 9 (di–so 10–17, Mitte Juli–Ende Aug. tgl 10–18, mi immer 10–21 Uhr). Die Orangerie des Mirabellgartens birgt das **Salzburger Barockmuseum** ⑮ (di–sa 9–12 u. 14–17, so/fei 10–13 Uhr). **Dommuseum** ④ in der Domvorhalle (mo–sa 10–17, so/fei 13–18 Uhr). **Salzburger Trachten – einst und jetzt** ㉝, Griesgasse 25/I (di–fr 10–12 u. 14–16 Uhr). In der **Georg-Trakl-Forschungs- und Gedenkstätte** ㉞, Waagplatz 1a, aus dem Leben des Dichters (1887–1914) Briefe und Dokumente (Führungen mo–fr 11 u. 14 Uhr).

Aktivitäten

Meisterklassen (5 Wochen) von Malerei bis Video und Steinmetzkunst (Juli/Aug.): Internationale Sommerakademie für Bildende Kunst, Postfach 18, A-5010 Salzburg, Tel. 0662/842113. Fiaker-Stadtrundfahrt, Radfahren am Salzachufer, Hallenbad, Kurhaus, Eislaufen, Ski-Shuttle (Ende Dez.–März).

Märkte und Veranstaltungen

Grünmarkt, Universitätsplatz u. Wiener-Philharmoniker-Gasse (mo–fr 6–19, sa 6–15 Uhr); Schrannenmarkt, um die Andräkirche (do 5–13 Uhr). Schlosskonzerte (ganzj.); Mozartserenaden (ganzj.), Mozartwoche (Jan.); Osterfestspiele; Barockfestspiele (Pfingsten); Sommerfestspiele (Juli/Aug.); SommerSzene (Juli); Rupertikirtag (Sept.); Kulturtage (Okt.); Jazz-Herbst (Nov.); Weihnachtsmärkte und Adventsingen (Dez.).
❶ Salzburg-Information, Mozartplatz 5, A-5020 Salzburg, Tel. 0662/88987-330. Kartenbüro Tel. 840310, Fax 842476, www.salzburgticket.com

Maßstab 1:10.000 (0 100 200 300 400 500 m)

Lebensstil à l'italienne: Wandmalerei aus der Zeit um 1615 von Arsenio Mascagni im Oktogon von Schloss Hellbrunn.

Schlösser und Parks rund um die Hauptstadt

Hohe Berge, prächtige Schlösser und Gärten: In Salzburgs Umland fühlten sich schon die Fürsterzbischöfe wohl – vor allem in dem ›italienischen‹ Lustschloss Hellbrunn mit seinen spektakulären Wasserspielen. Schloss Leopoldskron ist heute Tagungszentrum und Schloss Klessheim Casino. Bäuerliche Kultur zum Erlebnis macht das Freilichtmuseum Großgmain. Vom nahen Untersberg schweift der Blick bis ins Salzkammergut und zu den Gletschern der Tauern: erster Überblick über das Bundesland Salzburg.

△ Schlosspark Hellbrunn: So still wie im Römischen Theater ... ... sind die Wasserinszenierungen bei weitem nicht immer ▽

△ Hellbrunner Allee: einst per Kutsche, jetzt auf Rädern

△ Einkehr mit fürstlicher Kulisse vor Schloss Hellbrunn

Schloss Leopoldskron, überragt von der Festung Hohensalzburg ▽

Ganz als Lustschloss im italienischen Stil geplant ist Hellbrunn, in dessen Park die Salzburger an sonnigen Wochenenden scharenweise einfallen. Ein Ausweg: Mit dem Rad zum sich in einem Weiher spiegelnden Schloss Leopoldskron fahren und dann weiter die pappelgesäumte Hellbrunner Allee hoch zum gleichnamigen Schloss.

Feuchte Überraschungen ...

Den Lebens- und Villenluxus der römischen Kurie nachzueifern, war das erklärte Ziel von Erzbischof Markus Sittikus (1612–1619), dessen Onkel Kardinal in Rom war. Besonders amüsant: die Wasserspiele. Hinter Führern in schmucken Hellbrunn-Laiberln geht's vorbei an fetten, schwarzen Sterlets zum Steinernen Theater mit dem Marmortisch, in dessen Mitte frisches Wasser zum Weinkühlen fließt. Nehmen Sie Platz am laufenden Band! Doch nur auf einem der umstehenden Hocker ist der Gast vor feuchter Überraschung sicher.
Was Wasser alles möglich macht: die Zunge bleckende Neidmaske, flüssiges Vogelgezwitscher in einem venezianischen Spiegelsalon, kleine Barockautomaten mit mythologischen Szenen oder den Aufstieg und Fall der Macht – in der Midasgrotte trudelt wassergetrieben eine Königskrone krachend an die Decke und fällt auf den Springbrunnen zurück. Immer dabei: die kecken Steinböcke, das Vorarlbergische Wappentier des selbstverliebten Kirchenfürsten.

... eines galanten Erzbischofs

Auch das Schloss gibt's nur mit lässiger Führung. Beachtung verdienen die riesigen Fisch- und Wildgemälde. Will man aber darauf den ›indianischen Raab‹ (Papagei) und den Schacatutsh (Kakadu) entdecken, muss man schon genau hinsehen. Im Festsaal und Oktogon hat Hofmaler Arsenio Mascagni nicht nur Markusdom und Florentiner Uffizien, sondern auch schöne Salzburgerinnen gemalt. Einer überreicht der Erzbischof galant ein Bouquet: 70 000 Gulden gab Markus Sittikus in sieben Jahren Regierungszeit für Damenschmuck aus – *honi soit qui mal y pense.*

Blumen für Herbert von Karajan in Anif ▽

△ Tritt ein, oh Pilgersmann zur Lieben Frau von Maria Plain!

Gold und blau glänzen die Altäre aus der Erbauungszeit der Wallfahrtskirche um 1674 in dem schlichten, hellen Saalraum ▽

△ Hier wird nicht um Groschen gespielt: Schloss Klessheim

Hellbrunner Gelb: Gutshof in Glanegg auf dem Weg nach Großgmain ▽

Anif: Treffpunkt ›Schlosswirt‹

Nobel geht's in Anif vor dem Südtor des Hellbrunner Schlossparks zu. Hier, wo Riccardo Muti und der habsburgische Kaiserthronprätendent residieren, gab es vor Diskretion lange nur Hausnummern und keine Straßennamen. Auch das örtliche Wasserschloss, wo der letzte bayerische König Ludwig III. auf den Thron verzichtete, ist nicht zu besichtigen, selbst in den edelschlicht-elitären ›Schlosswirt‹ kommen angeblich nur wenige zum Genuss von Schlossente oder Tafelspitz hinein. Wie wäre es dafür mit einer Rose auf dem blumenübersäten Grab Herbert von Karajans im Kirchhof der bescheidenen Dorfkirche St. Oswald?

›Katze‹ Karajan

›Ich bewundere Katzen. Wenn sie auf hohe Mauern springen, dann schaffen sie es auch. Und liegen völlig entspannt oben.‹ Etwas von dieser olympischen Katzenhaftigkeit hat den Maestro Herbert von Karajan (1908–1989) zeitlebens ausgezeichnet. Der Salzburger, dessen Ururgroßvater aus Mazedonien stammte, war mehr als der Guru einer eingeschworenen Fangemeinde, der Leiter der Salzburger Festspiele und der Dirigent der Berliner Philharmoniker. Der sportliche yogabewußte Jetsetter, der den Steuerknüppel seines Privatflugzeugs genauso begeistert wie den Taktstock umfasste, wurde schon zu Lebzeiten zu einer Art Pop-Ikone der klassischen Musik: Keiner hat so wie er die E-Musik aus dem Elfenbeinturm herausgeholt, ohne ihre Aura zu zerstören. Sein Porträt wurde zum unerreichten Imageschlager und Zugpferd für die CD-Industrie, der Typ des weltweit mobilen medienbewussten Klassik-Stars war geschaffen. Karajans größte Leistung liegt darin, trotz seines Manager-Terminkalenders lebenslang an seiner Dirigentenkunst gefeilt zu haben.

Maria Plain, Klessheim, Aigen

Ziele vor der Haustür: Wer nur einen kleinen Ausflug machen will, erklimmt den 562 Meter hohen Plainberg mit der entzückenden barocken Wallfahrtskirche Maria Plain (1671–74). Frisch getraut vor dem wundertätigen Gnadenbild der

△ Einfach herrlich: das Bergpanorama vom Untersberg (1856 m), Salzburgs Hausberg, dessen Gipfel man von St. Leonhard aus auch bequem per Bahn erreicht

△ Reise durch Salzburgs bäuerliche Welt im Freilichtmuseum Großgmain, ...

△ ... wo Brot noch im Holzofen gebacken wird – und auch die Kapelle nicht fehlt ▽

Auf den 1288 Meter hohen Gaisberg gleich im Osten von Salzburg zieht es besonders die Gleitschirmflieger ▽

Plainer Madonna, der Mozart eine Messe widmete, genießt hier Salzburgs ›society‹ gern den ersten Fototermin.
An der bayerischen Grenze thront Fischer von Erlachs Schloss Klessheim, wo heute Croupiers die Kugel rollen lassen. Nicht nur der Bauherr, Erzbischof Johann Ernst Graf von Thun (1687–1709), hat sich hier wohl gefühlt, sondern von 1862 bis 1919 auch ›Lutschiwutschi‹, wie die Salzburger den vom Wiener Hof abgeschobenen homosexuellen Erzherzog Ludwig Viktor nannten. Später ließ Hitler auf dem Schloss Staatsgäste einquartieren.
Selbst bei Schnürlregen Spaß macht im östlichen Vorort Aigen ein Spaziergang durch den Schlosspark im englischen Stil und zu der kleinen Pfarrkirche mit Mozartreminiszenzen. Zumal hier, unterhalb des Gaisbergs, noch ein berühmter Schlosswirt lockt.

Vor der Haustür: Untersberg

Salzburgs klassische Nahausflüge aber gehen auf die Höhen rund um die Stadt. Der sagenumwobene Untersberg, unter dem Kaiser Karl der Große so lange ruhen soll, bis sein Bart dreimal um den Tisch gewachsen ist, ist schon längst durch eine bequeme Seilbahn erschlossen. Von der Bergstation bietet sich ein atemberaubendes Panorama vom Watzmann bis zum Großvenediger und den Hohen Tauern, schweift der Blick in Lande, die einst salzburgisch waren: Berchtesgaden, der Rupertiwinkel, der Königssee.
Übrigens: Der helle Untersbergmarmor ist weit in der Welt herum gekommen. Vom Salzburger Lipizzanerbrunnen bis zu Berliner Reichsbauten und Prager Palais.

Freilichtmuseum Großgmain

Ebenfalls im bayerischen Winkel liegt das Freilichtmuseum Großgmain, wo frisch gebackenes Bauernbrot aufgeschnitten wird, Seife gesotten und Goldhauben gestickt werden. Die Kids können Pinzgauer reiten und die Papas den Mamas den Unterschied zwischen Lungauer und Pongauer Bauernhöfen erklären. Bäuerliche Kultur und Erlebniswelt sind hier vorbildlich miteinander verknüpft.

SALZBURG
FREILASSING
BAD REICHENHALL
HALLEIN
Oberndorf b.Salzburg
Laufen
Mattsee
Seeham
Obertrum a.See
Seekirchen a.Wallersee
Neumarkt a.Wallersee
Straßwalchen
Henndorf a.Wallersee
Eugendorf
Thalgau
Plainfeld
Koppl
Hof b.Salzburg
Faistenau
Ebenau
Elsbethen
Anif
Grödig
Großgmain
Bayer. Gmain
Saaldorf-Surheim
Anthering
Elixhsn.
Bergheim
Wals-Siezenheim
Lamprechtshausen
St.Georgen b.Salzburg
St.Pantaleon
Göming
Nußdf. a.Haunsbg.
Berndf. b.Salzbg.
Perwang a.Grabensee
Lochen
Kösten-dorf
Schleedorf
Hallwang b.Salzbg.
Wallersee
Obertrumer See
Grabensee
Mattsee (Niedertrumer S.)
Krispl
Adnet
Oberalm
Vigaun
St.Barbara
Marktschellenberg
Berchtesgadener Land
Lattengebirge
Untersberg
Predigtstuhl
Hochthron
Flachgau
Naturpark
Biosphärenres. Berchtesgadener Land
Deutsche Ferienroute Alpen-Ostsee
Österr. Romantikstr.
Barockstr.
Wiestalstausee
Leopoldskron
Morzg
Maxglan
Parsch
Aigen
Gnigl
Itzling
Liefering
Gaisberg
Fuschl
Hintersee
Lidaun
Ladenbg.-A.
Rannberg
Ochsenberg
Zistelbg.-A.
Schlenken
Schmittenstein
Hohe Kreuz
Sighartstein
Tannberg
Friedburg
Lengau
Heiligenstatt
Jeging
Kirchberg b. Mattighofen
Michaelbeuern
Dorfbeuern
Moosdf.
Franking
Haiger-moos
Riedersbach
A1
E55
E60
A10
156
150
158
160
108
72
82
62

Wo gibt es was?

Fähnchennummer = Textnummer ℹ = Auskunft

Maria Plain ①

Auf dem Plainberg (530 m), oberhalb der Flachgau-Gemeinde Bergheim mit Industriezonen und Großverbrauchermärkten, gelegene malerische autobahnnahe **Wallfahrtskirche** mit Doppelturmfassade (1671–74), erbaut von Hofbaumeister Giovanni Antonio Dario anstelle einer älteren Holzkapelle. In dieser wurde ein wundertätiges Gnadenbild aus dem bayerischen Regen verehrt, das Rudolf von Grimming 1652 nach Salzburg brachte. Kostbarste Innenausstattung in Blau-Gold. Von der Terrasse vor der Kirche Traumblick auf die Salzburger Berge (Kapuzinerberg, Tennengauer Gebirge, Untersberg, Hoher Göll).
Zugang: Per Auto bis zum Kirchengasthof ›Maria Plain‹ mit uraltem Kastanien-Biergarten (Bus Linie 6). Von hier wenige Schritte bis zur Kirche, umgeben von üppigen Bergwiesen und uralten Gehöften und Pfarrhöfen. Oder Aufstieg zu Fuß auf dem alten Wallfahrtsweg, der nur im letzten Teil nach der Plainbrücke (Brückenheiliger Johannes Nepomuk, 1733, vom Hofbildhauer Johann Anton Pfaffinger), ursprünglich erhalten ist. Am Weg ein Kalvarienberg mit 15 Passionsdarstellungen, darunter eine Heilig-Grab-Kapelle mit Nachbildung des Jerusalemer Christusgrabes.
Veranstaltung: Mozarts Krönungsmesse, geschrieben für das Gnadenbild von Maria Plain (15. Aug.).
ℹ Tourismusverband, Moosfeldstr. 2,
A-5101 Bergheim, Tel. 0662/454505,
Fax 45450575, www.bergheim.at

Schloss Klessheim ②

Das Schloss an der Saalach und damit an der bayerischen Grenze, jahrelang Gästehaus der Salzburger Landesregierung, ist heute Casino (tgl. ab 15 Uhr), Restaurant und hat kleinere Veranstaltungsräume.
Schloss: 1700–09 von Johann Fischer von Erlach für Erzbischof Johann Ernst Graf Thun erbaut, fertiggestellt 1732 unter Erzbischof Leopold Anton Firmian. Reizvoller Park mit dem Hoyos-Schlössl in Form einer geöffneten Blüte (1694).
Aktivitäten: Golfclub Klessheim (9 Loch).
ℹ Casino Salzburg, Schloss Klessheim,
A-5071 Wals-Siezenheim,
Tel. 0662/854455

Schloss Hellbrunn ③

Eine Allee verbindet Salzburg mit Hellbrunn zu Füßen des Waldemsberg in einem ehemaligen Jagdgrund (Bus 55).
Schloss und Park: Santino Solari erbaute das Lustschloss (1613–19) von Erzbischof Markus Sittikus im Stil römischer Kardinalsvillen. Berühmt ist sein Festsaal mit Oktogon und galanten Fresken des Florentiners Arsenio Mascagni. Hauptattraktion im Park sind die Wasserspiele (Führungen Schloss u. Wasserspiele tgl. halbstündl. April u. Okt. 9–16.30, Mai–Sept. 9–17.30, Separatführungen zu den erleuchteten Wasserspielen Juli/Aug. 19, 20, 21, 22 Uhr). Der südl. Teil des Parks ist frei zugänglich (6.30–Einbruch der Dunkelheit). Ein Weg führt auf den Hellbrunner Berg mit Monatsschlössl (1615), Stadtaussicht, Watzmann-Aussicht (10 Min. weiter) und Steintheater (1617).
Volkskundemuseum im Monatsschlössl: Schön- und Schiachperchten, Hinterglasmalerei, Samsonfiguren (tgl. Ostern–Juni, Okt. 9–17, Juli–Sept. 10–18 Uhr).
Tiergarten Hellbrunn: Geo-Zoo mit dem natürlichen Charakter eines Alpengartens: u. a. frei fliegende Gänsegeier, Großkatzen-Freianlage, Streichelzoo, Afrika- Café (Sommer so–do 8.30–20, fr/sa 8.30–22.30, Winter tgl. 8.30–17 Uhr; letzter Einlass 1 Std. vor Schluss; Zugang vom Schlosspark und der Anifer Bundesstraße).
Umgebung: An der *Hellbrunner Allee* (ca. 4 km) liegen mehrere Schlösser, die alle in Privatbesitz sind. *Schloss Leopoldskron* (1,5 km südwestl. von Salzburg-Zentrum), 1736–44 für Erzbischof Firmian erbaut, 1918–56 im Besitz Max Reinhardts bzw. seiner Erben, gehört jetzt dem Salzburger Seminar und ist Veranstaltungsort von Tagungen und Kongressen.
ℹ Schlossverwaltung Hellbrunn,
A-5020 Salzburg, Tel. 0662/8203720,
Fax 8203724931, www.hellbrunn.at

Anif ④

Schicke Prominentengemeinde (434 m) mit vielen Neubauten, im Kern noch einige Bauernhöfe.
Sehenswert: Das Wasserschloss (16. Jh.), 1693–1814 Sommerresidenz der Fürstbischöfe von Chiemsee, wurde 1838–48 von Alois Graf Arco-Stepperg romantisch-neugotisch umgebaut (Privatbesitz). Hierhin flüchtete 1918 der letzte bayerische König Ludwig III. und dankte am 13. Nov. 1918 ab. Auf dem Friedhof der Ortskirche St. Oswald das stets blumengeschmückte Grab Herbert von Karajans (1912–1989), dessen Witwe Eliette in Anif lebt.
Einkehr: Vornehm ›Schlosswirt‹, sehr populär Riesenweinlokal ›Friesacher‹.
Aktivitäten: Radverleih im Verkehrsverein.
Veranstaltungen: Fronleichnamsprozession (Ende Juni); Turmblasen im Advent (bei beiden Anlässen ist der Schlosspark geöffnet).
Umgebung: *Aigen* (4 km nordöstl. am rechten Neustadt-Salzachufer, 2 km südl. von der Innenstadt). Salzburger Villenvorort mit Schlosspark und kleiner Pfarrkirche. Von hier Spaziergänge oder Auffahrt auf den Gaisberg (1288 m). *St. Jakob am Thurn* (5 km östl.), idyllischer Ausflugsort mit gutem Kirchenwirt.
ℹ Verkehrsverein, A-5081 Anif 31,
Tel. 06246/723650

Untersberg ⑤

St. Leonhard mit hübschem spätromanischen Pfarrkirchlein (barockisiert), ist Talstation der Untersbergbahn (9 Min., Anfahrt mit Buslinien 55 u. 60). Die 2860 m lange Seilbahn auf Salzburgs Hausberg (1856 m) schwebt übers steile Rosittental und überwindet 1320 m Höhenunterschied (tgl. 20. Dez.–Febr. 10–16, März–Juni u. Okt. 9–17, Juli–Sept. 8.30–17.30 Uhr). Von der Bergstation atemberaubendes Panorama vom Watzmann bis zum Großvenediger und den Hohen Tauern. Gute Unterkunfts- bzw. Verpflegungsmöglichkeiten in zahlreichen Hütten. Wanderungen zum Geiereck (1805 m, 5 Min.), zum Gebirgsjägerdenkmal und den höchsten Spitzen, dem österreichischen Salzburger Hochthron (1856 m, 30 Min.) und bayerischen Berchtesgadener Hochthron (1973 m, 3 Std.). Nicht vergessen: festes Schuhwerk, warme Kleidung.
Aktivitäten: Bergwandern, Skilaufen.
Veranstaltungen: Stimmungsvoller Benefiz-Adventsmarkt in St. Leonhard unterhalb der Kirche; Raunacht, wildes Treiben am Untersberg (do zwischen 2. u. 3. Advent).
Umgebung: In *Grödig* (1 km nördl. von St. Leonhard) zahlreiche bei Einheimischen beliebte Ausflugslokale. In *Fürstenbrunn* (von dort 5 km westl.) erinnert das Untersbergmuseum an die Steinbrüche, die Marmor bis nach Prag und Berlin lieferten, sowie das russische Kriegsgefangenenlager Grödig im Ersten Weltkrieg (Sommer mi 14–20, do, sa, so 13–18, Winter mi, sa, so, 13–18 Uhr). Davor rekonstruierte und in Betrieb genommene Kugelmühle.
ℹ Talstation/Wetterauskunft,
A-5083 St. Leonhard bei Salzburg,
Tel. 06246/724770, Fax 7247775

Großgmain ⑥

Der 1816 geteilte Grenzort zu Bayern (550 m) liegt gegenüber der Brudergemeinde Bayerisch-Gmain. Die Staatsgrenze verläuft mitten durch den Ort. Historisch gehörte der Ort zu Bad Reichenhall.
Sehenswert: Pfarrkirche St. Maria (1144, 1731 barockisiert), davor Marienbrunnen (1693) mit wasserspendenden Brüsten.
Feilichtmuseum: Auf dem ausgedehnten Gelände stehen über 50 originale Bauernhöfe aus den verschiedenen Tälern und Gauen Salzburgs. Dazu kann man die bäuerlicher Arbeitswelt erleben: Pferdebeschlagen, Brotbacken u.a.m. Weiter gibt es zahlreiche Veranstaltungen und Handwerksvorführungen (Juni–Okt.) und für Kinder jede Menge Attraktionen (April–Okt. di–so 9–18 Uhr).
Aktivitäten: Wandern, Reiten.
ℹ Salzburger Freilichtmuseum, Hasenweg, A-5084 Großgmain, Tel. 0662/850011, Fax 850011-9, www.landsbg.gv.at/kultur-sport/freilichtmuseum

Maßstab 1:150.000 — 0 2 4 6 8 km

Bilder wie aus der Bayernwerbung: Kirtag im Neumarkter Ortsteil Neufahrn.

Flachgau – Salzburgs bayerische Seele

Das Flachgau ist eine erfrischend bodenständige Landschaft, in der die Kirche im Dorf geblieben ist und das Brauchtum hochgehalten wird. Österreichisches oder bayerisches? Man möchte die Frage noch immer mit einem kulturellen Jein beantworten. Denn das Grenzgebiet ist altbairisches Kernland, hatten hier doch einst Bajuwarenfürsten wie Tassilo, Gründer von Stift Mattsee, das Sagen. Und heute? Überall so genannte Bräu, riesige Wirtshäuser mit Biergärten – eben wie in Bayern.

△ *Ob wohl was ins Netz geht? Wallerseeratten im Seekirchener Strandbad im Einsatz*

△ *Holzschindel-Bauernhaus in Neumarkt*

Zwischen Österreich und Bayern: Salzachbrücke Oberndorf–Laufen ▽

△ Abendstimmung am Nordufer des Wallersees

Wildkarwasserfall: Reich des Kugelmüllers von Seeham ▽

Bilderbuchbayern? In der Tat, fährt man durch die grünen Endmoränenhügel im benachbarten Flachgau, vorbei an Voralpenseen mit Segelbooten, mächtigen Bräuwirtshäusern und verspielten Rokokokirchen. Dazu ein Dialekt, bei dem es schwer fällt, das linkssalzachische Bayerisch vom rechtssalzachischen Salzburgisch zu unterscheiden.

Aufgelöst und geteilt

1816 wurde das aufgelöste Fürstbistum Salzburg zerschlagen. Der Rupertiwinkel, Berchtesgaden und weite Gebiete links der Salzach fielen an Bayern, der Rest an Österreich. Pech für Laufen: Die Metropole der Salzflößer, die zu beiden Seiten einer schwierigen Salzachschleife lag, wurde kurzerhand geteilt: Aus der rechtssalzachischen Vorstadt wurde Oberndorf, das bis auf einige alte lüftlbemalte Schifferhäuser noch heute merkwürdig zersiedelt wirkt. Wunden kann man heilen: Die Eisengrenzbrücke fügt zusammen, was zusammen gehört. Nach dem Schengener Abkommen zersägten die Bürgermeister der beiden Gemeinden am 1. April 1998 dort gemeinsam einen Grenzpfahl.

›Stille Nacht‹ auf Inuit gefällig?

Orgelblasebalg angefressen. Das Mäuslein hat das Christuskind persönlich geschickt. Denn so beauftragte der Oberndorfer Hilfspriester Joseph Moor am Morgen des 24. Dezember 1818 den Ortslehrer und Organisten Franz Xaver Gruber, sein Gedicht ›Stille Nacht, heilige Nacht‹ gitarrengerecht zu vertonen. Der erwies sich als blitzschnell. Bis zur Mitternachtsmette hatte er die Melodie fertig. A star war born – den endgültigen Durchbruch schaffte die Zillertaler Rainer-Familie, die die ›Ächt Tyroler Weise‹ bereits 1839 in New York zum Besten gab. Möchten Sie ›kengele za jun‹ (kenianisch) auch in der Eskimosprache Inuit hören? Knopfdruck und Kopfhörer im Heimatmuseum machen's möglich.

Warum in die Ferne schweifen?

Zu wenig alpin. So gehört das Flachgau im Wesentlichen den Salzburgern selbst, die es als Naherholungsgebiet zu schätzen wissen

△ Im Schatten der Kaiserbuche auf dem Haunsberg

Juwel des Flachgaus: Irrsdorfs Filialkirche mit Guggenbichleraltar ▽

△ Außen romanisch-herb: Stiftskirche Michaelbeuern

△ Stiftskirche Mattsee

Michaelbeuerns Stiftsbibliothek: 40 000 Bände und als Schatz die Walther-Bibel ▽

Salzburgs erste Bischöfe zeigt das Deckenfresko (1631) im Sommerchor von Michaelbeuerns Stiftskirche ▽

und es sich mit ein paar Salzachradlern und Ballonfreaks, die zum Mekka Straßwalchen pilgern, teilen. Angeln im Wallersee nach den Fischen, die nördlich des Weißwurstäquators Welse heißen, wie weiland Kaiser Joseph II. von der 200jährigen Kaiserbuche ins Innviertel blicken oder die malerischen drei Segelreviere – Mattsee, Grabensee und Obertrumer See – genießen. Das sind die klassischen Wochenend-Verlockungen.

Kein Wunder, dass es jede Menge einheimische Häuslebauer gibt. Und im südlichen Flachgau einen Gürtel von Kleinfabriken: Salzburgs Wirtschaft expandiert nordwärts. Autobahnnahe Orte wie Söllheim oder Bergheim – hier findet man auch factory outlets – haben auf weite Strecken den Charakter von Industriesiedlungen. Denn anders als in den Alpengegenden sind hier Grund und Boden noch erschwinglich.

Österreich – Klösterreich

Im Flachgau prägen tausendjährige Abteien wie Stift Mattsee oder das abgelegene Michaelbeuern immer noch die Landschaft. Und die Wirtschaft: Denn die rührigen Benediktiner von Michelbeuern investieren nicht nur in das holzfassgereifte Salzburger Augustinerbräu, sondern führen auch Landwirtschaftsbetriebe sowie eine Klosterschule mit Internat für über 300 Kinder. Es lohnt, bei einer der drei wöchentlichen Klosterführungen dabei zu sein, um die fantastische Barock-Bibliothek zu erleben, oder im Stiftsmuseum Mattsee eine der Bajuwarenschauen anzusehen.

Über hundert Brauereien

Und danach? Überall im Flachgau trifft man auf riesige ›Bräus‹, Bierwirtschaften mit schattigen Kastaniengärten. Mindestens zwei von ihnen muss man besucht haben: Der ›Sigl‹ in Obertrum braut ein landesweit berühmtes Pils und serviert Schmankerln wie Rehbeuschl. Und in der urigen Wirtsstube des einfach gebliebenen ›Caspar-Moser-Bräus‹ (seit 1699) in Henndorf am Wallersee wischten sich schon ›Teufelsgeneral‹ Carl Zuckmayer und Dichterkollege Ödön von Horvath den Schaum von der Lippe.

SALZBURG
BAD REICHENHALL
FREILASSING
HALLEIN
Oberndorf b.Salzburg
LAUFEN
Straßwalchen
Neumarkt a.Wallersee
Seekirchen a.Wallersee
Mattsee
Seeham
Obertrum a.See
Schleedorf
Eugendorf
Hallwang b. Salzbg.
Thalgau
Plainfeld
Koppl
Hof b.Salzbg.
Fuschlsee
Faistenau
Ebenau
Elsbethen
Grödig
Anif
Puch
Oberalm
Adnet
Krispl
Vigaun
St.Barbara
Großgmain
Bayer. Gmain
Piding
Ainring
Saaldorf-Surheim
Anthering
Bergheim
Elixhausen
Henndorf a.Wallersee
Köstendorf
Lamprechtshausen
St.Georgen b.Salzburg
St.Pantaleon
Göming
Nußdorf a.Haunsberg
Dorfbeuern
Berndorf b.Salzbg.
Perwang am Grabensee
Lochen
Palting
Kirchberg bei Mattighofen
Moosdorf
Franking
Haigermoos
Obertrumer See
Mattsee
Grabensee
Wallersee
Abtsdorfer See
Flachgau
Hintersee
Wiestal-Stausee
Untersberg
Hochthron
Predigtstuhl
Lattengebirge
Berchtesgadener Hochthron
Schlenken
Schmittenstein
Gaisberg
Gaisbergstr.
Barockstr.
Österr. Romantikstr.
Deutsche Ferienroute Alpen-Ostsee
Naturpark
Biosphärenres.
Zistelberg
Spumberg
Rannberg
Thalgauberg
Kolomansberg
A1
A10
E55
E60
156
155
158
159
160
150
147
281
288
292
293
296
297
304
305
20
21
108
72
82
62

Wo gibt es was?

Fähnchennummer = Textnummer ℹ = Auskunft

Oberndorf bei Salzburg ①

Einstiger Salzflösserort an einer Salzachschleife gegenüber dem bayerischen Laufen, bis 1816 Stadtzentrum des dann geteilten Orts. Um vor Überschwemmungen zu schützen 1900–06 fast neu gebaut.
Sehenswert: Stille-Nacht-Gedächtniskapelle (1937). Stahlbrücke (1902–03) nach Laufen mit Wappen des habsburgischen Kaiser- und Wittelsbacher Königreichs. Alte Flößerhäuser mit Lüftlmalerei am Salzachufer. Barocke Wallfahrtskapelle Maria Bühel, erreichbar über steile Kalvarienbergtreppe.
Museum Bruckmannhaus: Heimatmuseum, Stille-Nacht-Platz 7, zur Geschichte des Weihnachtsliedes u. zur Salzschifffahrt (tgl. 9–12 u. 13–17 Uhr, Dez. erweitert, Febr. eingeschränkt); Sonder-Weihnachtspostamt im Parterre (Anf. Dez.–24. Dez.).
Aktivität: Tauernradwanderweg.
Veranstaltungen: Ev. Stadterhebung von Oberndorf (April); Brückenstraßenfest und Straßenlauf (Mitte Juni); Bauernherbst (Aug.); Schifferstechen (Mitte Aug.); Adventblasen (Dez.-Wochenenden 15 Uhr); Gedenkfeier vor der Stille-Nacht-Kapelle (24. Dez. 17–18 Uhr).
Umgebung: *Niederarnsdorf* (2 km nördl.) war Wohnort (1807–29) von Franz Xaver Gruber; Gedenkstätte im Schulhaus, wo noch unterrichtet wird (Tel. 06274/7453). In der Wallfahrtskirche Hl. Maria im Mösel Grab des Filmregisseurs Axel Corti.
ℹ Fremdenverkehrsverein, Stille Nacht-Platz 2, A-5110 Oberndorf bei Salzburg, Tel. 06272/4422, Fax 44224

Michaelbeuern ②

Kleiner gemütlicher Ort (470 m) mit viel Landwirtschaft.
Kloster: Dem wirtschaftlich aktiven Benediktinerkloster (8. Jh.; Brauereien, Landwirtschaft) ist eine Klosterschule angeschlossen. Die barocke Stiftsbibliothek (1769–79) umfasst 40 000 Bände, darunter die Walther-Bibel aus dem 12. Jh. (Führungen fr, sa, so 14 Uhr). In der 1072 geweihten romanischen, nach Restaurierung 1938–50 eher neoromanischen Kirche kostbarer Hochaltar mit Statuen der Heiligen Rupert und Ulrich (1691/92, Meinrad Guggenbichler) und Altarblatt (Auferstehung) von Johann Michael Rottmayr. Seit 2000 zugänglich ist der Sommerchor mit Fresken (1631) von Sylvester Bauer.
Aktivitäten: Exerzitienaufenthalte.
ℹ Gemeindeamt, A-5152 Dorfbeuern, Tel. 06274/8110, Fax 851190

Maßstab 1:150.000 (0 2 4 6 8 km)

Mattsee ③

Eleganter Ausflugsort (505 m) mit Jachtclub und guten Fischrestaurants auf einer Landzunge zwischen den moorigen Segelrevieren Mattsee und Obertrumer See. Wohnort des Piano-Etüden-Komponisten Antonio Diabelli (1781–1858), ein Förderer Schuberts. 1945 verhafteten hier die Amerikaner Ungarns faschistischen Ministerpräsidenten, der die Stephanskrone bei sich trug.
Stift: 770 von Bajuwarenherzog Tassilo III. gegründet. Die romanische Klosterkirche wurde im Barock umgestaltet, der Glockenturm ›Goliath‹ (76 m) entstand 1766. Der Stiftskeller schenkt (in der Wachau produzierte) Weine des Stiftes aus.
Museen: Das Stiftsmuseum in der alten Propstei zeigt bevorzugt Ausstellungen zu altbairisch-bajuwarischen Themen (di, do, sa 16–18, so 11–12 und Führung fr 16.30 Uhr). Die ehem. Festung der Bischöfe von Passau birgt heute ein Heimatmuseum (Sommer unregelmäßig geöffnet). Bajwaren-Freiluftschau im Modell eines Bauernhofs aus bajuwarischer Zeit (6.–8. Jh.) in der Weyersbucht (Mai, Juni, Sept., Okt. sa/so ab 15, Juli/Aug. do/fr ab 17, sa/so ab 15 Uhr).
Aktivitäten: Baden, Surfen, Segeln (auch Grabensee 2 km westl.), Spaziergang an der Seepromenade, Wanderung um den Mattsee (ca. 2–3 Std.), Schifffahrt, Tennis.
Veranstaltung: Diabelli-Sommer; Bauernherbst (Anf. Aug.– Ende Okt.).
Umgebung: Schaudorf mit traditioneller Handwerksarbeit (Käserei, Haferlschuhmacher etc.) ist *Schleedorf* (5 km östl.).
ℹ Tourismusgemeinschaft Trumer Seenland, Münsterholzstr. 165, A-5163 Mattsee, Tel. 06217/6080, Fax 7421, www.salzburgerland.com/trumer-seenland

Obertrum am See ④

Brauerdorf (508 m) am Obertrumer See.
Bräu: Braugasthof ›Sigl‹ mit schönem Biergarten (Tel. 06219/770), seit 1601 Heimstätte des Trumer Biers (Pils).
Aktivitäten: Baden, Segeln, Schifffahrt, Tennis, Radtouren.
Umgebung: Im Badeort *Seeham* (3 km nördl.) kann man mit gutem Schuhwerk eine alte Kugelmühle in der Wildkarwasserfallschlucht erkunden (20 Min. vom Ortszentrum; Schauvorführungen auf Bestellung bei der Tourismusgemeinschaft). Die Kaiserbuche (ca. 5 m Umfang) auf dem *Haunsberg* (835 m, 4 km westl.) wurde 1779 gepflanzt, als Kaiser Joseph II. von hier das von Bayern eroberte Innviertel in Augenschein nahm.
Veranstaltungen: Dorffest (Ende Aug./Anf. Sept.); Bauernherbst.
ℹ siehe Mattsee

Straßwalchen ⑤

Schon 799 erwähnter Marktort (542 m) an der Grenze zu Oberösterreich.
Sehenswert: Spätgotische Pfarrkirche St. Martin (15. Jh., Seitenschiffe 1731–33) mit Hochaltar (1675) von Meinrad Guggenbichler. Prächtige Bürgerhäuser.
Aktivitäten: Ballonfahrerkurse.
Veranstaltungen: Ballonwochen.
Umgebung: In der Filialkirche Mariae Himmelfahrt (1408) von *Irrsdorf* (3 km südöstl.) kostbare Altäre und Pietà von Meinrad Guggenbichler (1682–1716).
ℹ Fremdenverkehrsverband, Salzburger Str. 5, A-5204 Straßwalchen, Tel. 06215/6420, Fax 5455

Neumarkt am Wallersee ⑥

Langgestreckter Marktort (550 m), entstanden im 13. Jh. an der wichtigen Handelsstraße Salzburg–Linz.
Sehenswert: Pfarrkirche St. Nikolaus (19. Jh.) auf barocker Wehranlage vom Salzburger Dombaumeister Santino Solari. Schloss Sighartstein (15. Jh., 1714 barockisiert) mit berühmter Schlosswirtschaft (Vollwertkost und Bioküche).
Museum in der Fronfeste, Hauptstr. 27, mit Zellentrakten (di, so 10–12 Uhr).
Aktivitäten: Baden, Segeln, Surfen, Angeln, Tennis, Rad-/Bootsverleih, Schießen.
Veranstaltungen: Österr. Radsporttage (Mitte April); Seefest (Aug.); Rupertimarkt (24. Sept.); Bauernherbstfeste (Sept.).
Umgebung: Dekanatskirche (got., später barockisiert) in *Köstendorf* (2 km westl.).
ℹ Tourismusverband, Hauptstr. 30, A-5202 Neumarkt a. Wallersee, Tel. 06216/6907, Fax 7324, www.neumarkt.at

Seekirchen am Wallersee ⑦

Eher untouristische Stadt (510 m), die seit 1424 das Marktrecht hat, südlich des Wallersees an der Fischach. Von hier ging der Legende nach die Christianisierung Salzburgs durch den hl. Rupert aus.
Sehenswert: Kollegiatskirche St. Peter (7. Jh., nach Brand 1669 barock erneuert). Schloss Seeburg im Ortsteil Seewalchen.
Aktivitäten: Segeln, Surfen, Reiten, Radverleih; Radtrail Salzburger Alpenvorland; in *Henndorf am Wallersee* (4 km östl.) größtes Strandbad im Alpenvorland, Surfzone.
Veranstaltung: Stadtfest (Anf. Aug.).
Umgebung: In Henndorf am Wallersee lohnt der Blick in die schlicht gebliebene Literatenwirtschaft ›Caspar-Moser-Bräu‹, Hauptstr. 63, mit altmodischer Gaststube. Carl Zuckmayers Wohnhaus ›Wiesmühl‹ (Privatbesitz) kann man besichtigen (mit Führung do 15 Uhr nach Anmeldung, Tel. 06214/6011). In *Eugendorfs* (3 km südl.) Pfarrkirche St. Martin besticht die Barockausstattung. Im Ferienort *Thalgau* (16 km östl.) schöne Kirchen, Bauernhöfe und Mühlenmuseum Hundsmarktmühle (mit Kugelmühle), Egg 24 (Juli–Okt. sa 14–17 Uhr). In Richtung Hof (halbstünd. Wanderung) Rauchhaus Mühlgrub, typischer Einhof mit Flurherd (Juli–Sept. fr 10–13 Uhr).
ℹ Tourismusverband, Hauptstr. 2, A-5201 Seekirchen am Wallersee, Tel. 06212/4035, Fax 40353

Sonnenbaden auf der Bräuwiese im Strandbad von Traunkirchen am Traunsee.

Salzkammergut: Liebling der Natur

Traumseen inmitten grandioser Berglandschaften: Altausseer See, Attersee, Fuschlsee, Hallstätter See, Mondsee, Tauplitzsee, Traunsee, Wolfgangsee. Orte junger Strandparties und jeder Menge Nostalgie. Denn wo ruft schon der Stadttrommler mit Gamsbart und Krachlederner aus, dass die Gemeinde eine neue Website eingerichtet hat? Im Salzkammergut liebt man die Tradition und die Provinz, ohne provinziell zu sein. Hier haben Operetten-Festspiele ebenso ihren Platz wie topaktueller Alpen-Rap.

△ St. Wolfgang am Wolfgangsee: Wasserski vor prominenter Kulisse mit Pfarrkirche und ›Weißem Rössl‹

△ Meisterwerk der Gotik: Pacheraltar in St. Wolfgangs Pfarrkirche

△ Nostalgisch: Schafbergbahn auf St. Wolfgangs Hausberg

International: Musikinstrumenten-Museum in St. Gilgen ▽

△ Ganz oben: Schutzhaus ›Himmelspforte‹ auf dem Schafberg

Unten im Ort: Produkte der Benediktiner Seifenmanufaktur ▽

Der größte Teil des Salzkammerguts ist oberösterreichisch. Das merkt man auch auf der Zunge. Denn an Mond- und Attersee mit ihren kleinen, oft verwunschen wirkenden Uferorten gibt es jede Menge Mostheurige, die selbst gekelterten Apfel-Birnenwein ausschenken. Einer der besten ist das Holzingergut in Oberburgau am südlichen Mondsee, wo einfache Köstlichkeiten serviert werden wie Radi, buttriger Mondseer Klosterkäse oder ›Verhackerts‹, eine gezwiebelte Creme aus gewiegtem Speck zu selbst gebackenem Bauernbrot. Ansonsten passt zum fangfrischen Fisch vorzüglich Grüner Veltliner, besonders zu den festfleischigen Reinanken aus dem Hallstätter See.

Stammgäste und Stargäste

Landschaft und Gastronomie schätzen auch die Prominenz: Der Kaiser Franz Joseph (1848–1916) fuhr über 70 Sommer nach Bad Ischl, der Kanzler Helmut Kohl fast ebenso treu an den Wolfgangsee. Ein Tipp für Paparazzi-Naturen: Setzen Sie sich einen Sommer lang täglich ins Café ›Dallmann‹ am Mozartplatz von St. Gilgen und trinken Sie die leider mit Schlagobers verpantschte Melange. Irgendwann kommt er. Irgendwann kommt Helmut Kohl, der den Ferienort immer noch souverän regiert.

Die traumhaften Salzkammergut-Seen, zu Habsburgs Zeiten neben den Adriabädern das beliebteste Ferienziel der Monarchie, sind bis heute ein Rückzugsort der feinen Wiener Gesellschaft geblieben. Wo einst Gustav Mahler komponierte und Johann Strauss konzertierte, lassen es sich jetzt ›Lebens-Künstler‹ gut gehen, etwa der Maler Christian Ludwig Attersee oder der Burgtheater- und Out-of-Africa-Mime Klaus Maria Brandauer. Und wo schmökert der Herr von Welt? Marcel Reich-Ranicki jedenfalls in Altaussee.

Voller Nostalgie: Bad Ischl

Nach jahrelanger kinderloser Ehe half nur noch Bad Ischl mit seinen ›solegesättigten Meerbädern‹. Und siehe da, das Wunder geschah: Die Habsburger Prinzessin Sophie gebar hintereinander drei Knaben.

△ Bad Ischls Kaiservilla: davor Denkmal des Hausherrn Franz Joseph als Jäger, ... drinnen Fotos der Kaiserin ›Sisi‹ ▽

△ Von einer gewissen Noblesse: Bad Ischls Kurhaus

Hier sind die Mehlspeisen immer gut und die Plätze rar: Café ›Zauner‹ an Ischls Traunpromenade ▽

Szene aus den Ischler Operetten Festspielen 2000: Fürst Ypsheim-Gindelbach im Gespräch mit Kagler in ›Wiener Blut‹ ▽

Der erste von ihnen, der spätere Kaiser Franz Joseph, konzentrierte auch seine galanten Abenteuer auf den Kurort – wo sich ebenso Bismarck als Galan gab. Hier verlobte sich Franz Joseph mit Sisi, deren Teeschlösschen heute eine faszinierende Schwarz-Weiß-Fotosammlung birgt. Seiner Geliebten, der Burgschauspielerin Katharina Schratt, ließ er eine Villa einrichten, in der man jetzt wohnen und dinieren kann.

Dass in Ischl das k.k.-Flair erhalten blieb, dafür sorgte auch Operettenkönig Franz Lehár, der seine Villa ›Im Land des Lächelns‹ allsommerlich von 1910 bis 1948 besuchte. Die Villa ist heute Museum, die Operette dagegen lebendig, bei den Festspielen im Kurhaus. Bis heute lebt der Kurort vor allem von der Vermarktung der Nostalgie.

Der Gucci von Goisern

Selbst in Amerika kennt man das Wort: ›Goiserer‹ sind feste, am besten mit ›Eisenschrenken‹ beschlagene Bergschuhe. Ein Geniestreich des Gamsjägers Franz Neubach, der 1880 in eine verschneite Doline gefallen war und aus eigener Kraft mit den glatten Ledersohlen – Gummiprofil war damals noch nicht üblich – es nicht mehr heraus schaffte. Bald gab es in Bad Goisern über 20 Goisererschuster.

Sogar der Kaiser ließ sich beim Schustermeister Steflitsch-Hackl welche fertigen. Dessen Enkel hat als einziger der Zunft bis heute durchgehalten. In dem Betrieb, der wie eine Dorf-Werkstatt der Nachkriegszeit aussieht, lassen sich altösterreichische Adlige, die Jagdgesellschaften der Familie Flick, Arnold Schwarzenegger und Kenner aus der ganzen Welt zwiegenähte Schuhe ab 8000 Schillinge anmessen, auf die sie willig zwölf bis 18 Monate warten. Schneller geht's nur für die Einheimischen, die nach wie vor ihre Nylonschuhriemchen zum Nähen bringen. Eben ein Schuhmacher mit Herz und Stil.

Alpen-Rap in den Alpincharts

Wiens angegraute Liedermacher haben Konkurrenz im eigenen Lande bekommen. Ein neuer Kreativ-Pool der Austro-Musikszene liegt in Almhütten und Seefestivals

Hauptaltar (1626) der Mondseer Stiftskirche ▽

△ Bad Goisern: Handgenagelte Goisererschuhe trug schon Kaiser Franz Joseph auf seinen Bergtouren

Fangfrischer Fisch fürs Seeschloss Fuschl ▽

△ Durch Mondsee sollte man nicht nur fahren, sondern dort auch einkehren

Schöne Aussichten: Sonnenanbeter am Fuschlsee ▽

zwischen Bad Goisern und Altaussee und kombiniert witzig Opas Boarisches mit Raptexten.

Der berühmte Hubert von Goisern hat sich zwar mittlerweile von den ›Alpinkatzen‹ und kernigen Aufforderungen wie ›lass ausse de Sau‹ tibetanischen sowie afrikanischen Klängen zugewandt. Dafür stürmen Gruppen wie ›die Seer‹ mit ›a schuss wildererblut‹ und ›Lederhosenfunk‹ oder ›Rauhnacht‹ mit ›da Teufi schloft nit‹ die Alpincharts. Aber auch wer bei der reinen Lehre der traditionellen ›Stubnmusi‹ bleiben will, kommt im Salzkammergut nicht zu kurz. Wie wär's mit einer CD von Altstar Toifl Fritz?

Österreich grün-weiß-grün?

Für viele sind das die heimlichen Nationalfarben der Alpenrepublik. Denn wer auf sich hält, schlürft wie im ›Seehotel Orth‹ aus der Fernsehserie seine Frühstücksmilch aus der weißen Gmundner Keramik mit dem grünen Spiralmuster. Eine Erfolgsstory aus der Flanierstadt Gmunden am eleganten Traunsee, wo schon 1625 die Hafner sich zu einer Gilde zusammenschlossen. Das bäuerlich-elegante Design der 1903 eröffneten Gmundner Tonwarenfabrik geht darauf zurück, dass viele Jugendstilkünstler mit den traditionellen Gmundner Mustern experimentierten. Übrigens: Gmundner Keramik beschäftigt 300 Mitarbeiter, die jährlich rund 2,6 Millionen Stück produzieren. Und jedes Teil wird während des Arbeitsvorgangs durchschnittlich sechzigmal in die Hand genommen – eine Werksführung verrät mehr.

Der unmögliche Erzherzog

Das kann die ORF-ZDF-Serie auch nicht spannender: Erzherzog Johann Salvator, der vor dem Fernsehhotel Orth auf Schloss Ort residierte, war so etwas wie der erste Anarchist der Monarchie. Der extravagante Freund von Walzerkönig Johann Strauss lebte mit der Tänzerin Ludmilla (Milly) Stubel zusammen und reagierte auf Abmahnungen kurzerhand dadurch, dass er aus der Familie austrat und sich Johann Orth nannte. Ein Abenteurer-Typ, der schließlich nach Südamerika segelte und 1891 bei

△ Wie aus der fürs Fernsehen gedrehten Serie: der Traunsee von Schloss Ort bis Gmunden

△ Auf steilem Fels: die Johanniskapelle von Traunkirchen am Traunsee

Narzissenkrönlein im Haar: Narzissen-Prinzessinnen in Altaussee ▽

Steht auf der Unesco-Liste des Weltkulturerbes: Hallstatt am gleichnamigen See ▽

Tierisch blumig: Prunkschiff beim Narzissenfest in Altaussee ▽

einer Kap-Hoorn-Expedition verschollen ging.
Aber Fernseh-Hoteldirektor Wenzel Hofer und seine verliebten Gäste ziehen mehr. Fünf Millionen Zuschauer allein in Deutschland pro Folge. Schon sind die Japaner scharf auf die Traunseestories. Kein Wunder, dass für 2001 die sechste Staffel geplant ist. Wer will, kann sogar im Traumreich heiraten. Die Filmkapelle ist echt. Aber viele Innenaufnahmen werden in einer Gmundner Fabrikhalle gedreht. Seeschloss Ort ist einfach zu klein. Sein Café aber groß genug, stilvoll-behaglich und für jedermann zugänglich.

›Trachteninsel‹ Aussee

Wo gibt's weltweit die feinsten Trachten? Darüber streiten sich besonders die Salzburger und die Ausseer. Eines steht fest: Hoffähig wurde die Tracht durch Erzherzog Johann, Patron des gleichnamigen Jodlers und zahlloser Berghütten. Der 1782 in Florenz geborene habsburgische Großherzogsspross stand auf Ländlich-Sittlich, verliebte sich in die schneidige Ausseer Postmeisterstochter Anna Plochl und machte sie 1819 zu seiner Frau. Die ›Trachteninsel‹ Aussee zehrt bis heute davon: 16 Spezialgeschäfte lesen dem Trachtler, der es werden will, jeden Wunsch von den Augen ab, versorgen ihn mit brennnesselgefärbten Grundlseer Jankern, Federspielhüten und kostbaren Seidenblockdrucktüchern.

Schatztaucher

International ist die Prominenz, die es nach Hallstatt zieht. Denn hier lebt der bärtige Gerhard Zauner, der neben seinem Hauptberuf Wirt ein Hobby hat, das Männer unwiderstehlich anziehend macht. Er ist seit Jahren Schatztaucher, und wonach er taucht, ist hier mindestens so spannend wie Nessie in Schottland: Der Schatz im Toplitzsee, die geheime Kasse des Dritten Reichs, die dort zu Kriegsende versenkt worden sein soll – gefälschte englische Banknoten hat er schon gefunden. Lieber an der Oberfläche bleiben? Echter Augenschmaus ist das Narzissenfest in Altaussee, wenn die blumengeschmückten Holzgondeln über den tiefgrünen See gleiten.

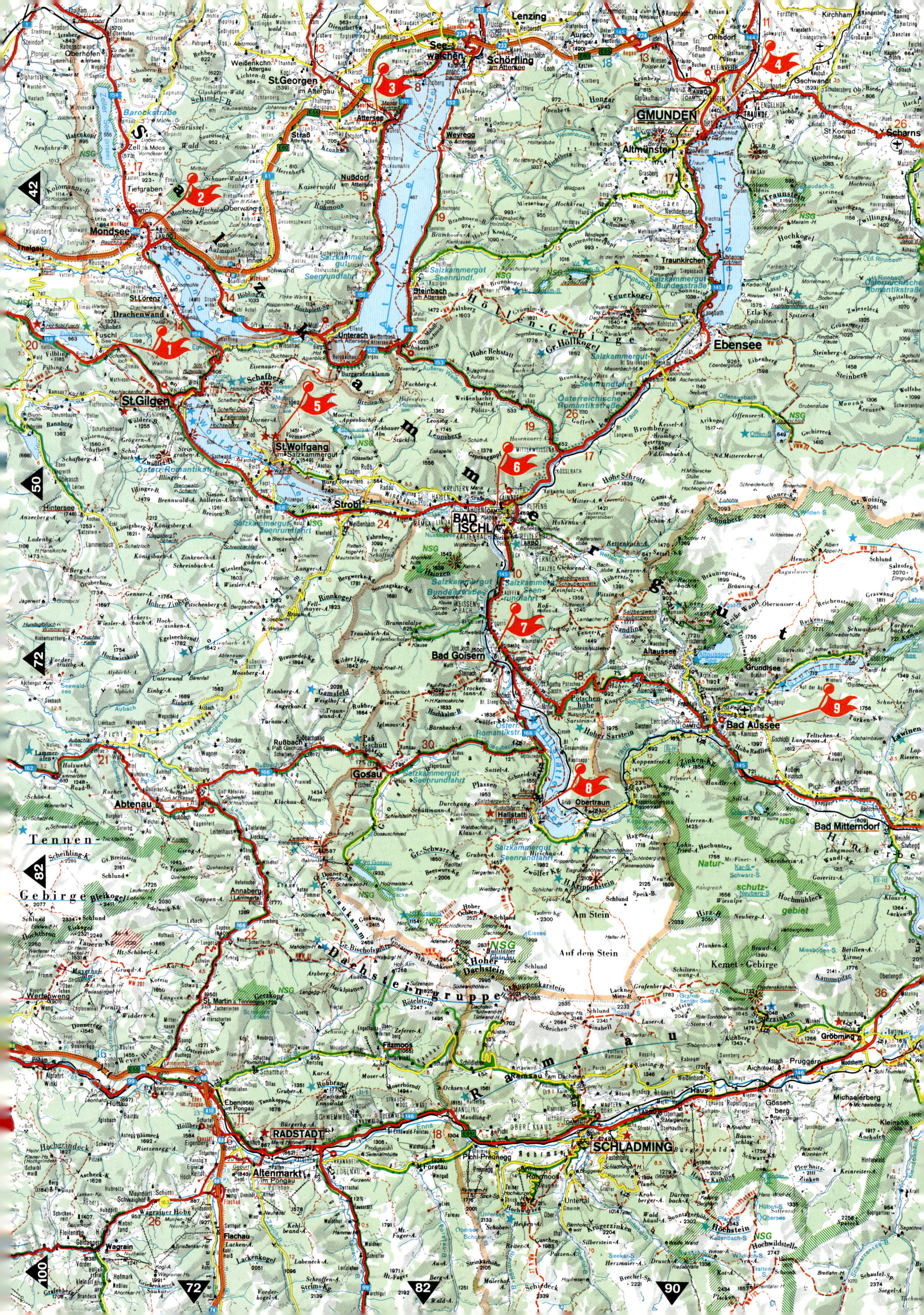

Lenzing
Seewalchen
Schörfling am Attersee
St.Georgen im Attergau
Gmunden
Altmünster
Ohlsdorf
Kirchham
Scharns
Mondsee
Thalgau
St.Lorenz
Fuschl
Unterach am Attersee
Steinbach am Attersee
Weyregg
Traunkirchen
Ebensee
St.Gilgen
St.Wolfgang im Salzkammergut
Strobl
Bad Ischl
Hintersee
Bad Goisern
Altaussee
Grundlsee
Bad Aussee
Gosau
Hallstatt
Obertraun
Abtenau
Annaberg
Bad Mitterndorf
Gröbming
Schladming
Ramsau am Dachstein
Filzmoos
Radstadt
Altenmarkt im Pongau
Flachau
Wagrain
Pichl-Preunegg
Haus
Öblarn
Hochgolling
Dachstein
Dachsteingruppe
Tennen-Gebirge
Kemet-Gebirge
Salzkammergut
Osterr. Romantikstraße
NSG
42
50
72
82
100
72
82
90
1
2
3
4
5
6
7
8
9

Wo gibt es was?

Fähnchennummer = Textnummer ℹ = Auskunft

Fuschl ①

Ruhiger, aber schicker Badeort (670 m) am gleichnamigen See.
Sehenswert: Jet-Set-Schlosshotel. Siebenseenblick vom Schober (1328 m).
Aktivitäten: Wassersport, Tennis, Golf (9 Loch).
Veranstaltungen: Fuschlseelauf (2. Aug.-So); Promenadenfest (Mitte Aug.); Bauernherbst (Ende Aug.–Anf. Okt.).
Umgebung: *Hintersee* (19 km südl.) nahe dem gleichnamigen Badesee verbindet eine Skischaukel mit dem Bergdorf *Krispl*.
ℹ Tourist-Info, A-5330 Fuschl am See, Tel. 06226/8250, Fax 8650, www.salzburg.com/tourismus/fuschlsee

Mondsee ②

Der autobahnnahe Marktort (418 m) konzentriert sich um das ehem. Stift Mondsee.
Sehenswert: Spätgotische Stiftskirche, heute Pfarrkirche St. Michael (1470–87/1730), Ausstattung von Meinrad Guggenbichler (lebte 1679–1723 in Mondsee).
Museen: Pfahlbaumuseum und Freilichtmuseum Rauchhaus (beide: Mai–Anf. Okt. di–so 10–17/18, Anf.–Ende Okt. sa/so/fei 10–17 Uhr).
Aktivitäten: Wassersport, Tennis, Reiten, Ballonfahrten, Golf (9 Loch).
Veranstaltungen: Freilichttheater ›Jedermann‹ (Juli/Aug.); Seefest (Ende Juli); Mondseetage, Konzerte und Lesungen (Sept.).
ℹ Tourismusverband Mondseeland, Dr. Franz Müller Str. 3, A-5310 Mondsee, Tel. 06232/2270, Fax 4470, www.mondsee.org

Attersee am Attersee ③

Bäuerlicher Ort (494 m) am Atter- oder Kammersee. Weitere Seebäder: Nußdorf, Unterach, Steibach, Weyregg, Seewalchen.
Sehenswert: Barocke Wallfahrtskirche Mariä Himmelfahrt (herrlicher Seeblick).
Aktivitäten: Wassersport, Tauchen.
Veranstaltungen: Kultursommer (Juli/Aug.); Traditionsregatta in *Weyregg* (Aug.).
ℹ Tourismusverband Attersee, A-4864 Attersee, Tel. 07666/7719, Fax 7919, www.tiscover.com/attersee

Gmunden ④

Eleganter Luftkurort am nördlichen Traunsee (15 000 Einw., 422 m).
Sehenswert: Rathaus (16. Jh.) mit Keramikglockenspiel. Pfarrkirche (barockisiert) mit Dreikönigsaltar (1678, Th. Schwanthaler). Salzträgerbrunnen (Keramik). Seepromenade. See- u. Landschloss Ort (1626).
Museen: Kammerhofmuseum, an der Traunbrücke, und Klo & So-Museum, Traungasse 4 (Mai/Juni–Okt. mo–sa 10–12 u. 14–17, so/fei 10–12 Uhr).
Shopping: Gmundner Keramik, Keramikstr. 24 (Werksverkauf, auch 2. Wahl, u. Führungen mo–fr 9–18, sa 9–13 Uhr).
Aktivitäten: Erlebnisbad, Wassersport, Reiten, Golf (18 Loch), Raddampfer ›Gisela‹ (do, sa, so 14.30 Uhr), Traunsee-Schifffahrt.
Veranstaltungen: Glöcklerlauf (5. Jan.); Lichter- und Esplanadenfest (Mitte Aug.); Töpfermarkt (Ende Aug.).
Umgebung: Das malerische *Traunkirchen* (10 km südl.) liegt auf einer Halbinsel. In *Ebensee* (14 km südl.) am Höllengebirge arbeitet Österreichs größte Saline.
ℹ Kurverwaltung, Am Graben 2, A-4810 Gmunden, Tel. 07612/64305, Fax 71410, www.tiscover.com/gmunden

St. Wolfgang ⑤

Beliebter Ferienort (549 m) mit mehr Betten (3400) als Einwohnern (2800).
Sehenswert: Pfarrkirche St. Wolfgang mit dem Pacher-Altar (1471–81), Doppelaltar (1675) von Th. Schwanthaler, Altäre und Kanzel (18. Jh.) von M. Guggenbichler.
Aktivitäten: Wassersport aller Art, Ballonfahrten, Wolfgangsee-Schifffahrt, Wandern und Fahrt mit der Zahnradbahn (1893) auf den Schafberg (1783 m).
Operrette ›Im Weißen Rössl‹ im Michael-Pacher-Haus (Mitte Juni–Mitte Sept.).
Umgebung: *Strobl* (7 km östl.) gilt als geruhsamster Wolfgangseeort (3400 Betten). *St. Gilgen* (7 km nördwestl.) ist Urlaubssitz von Helmut Kohl, Fotos im Café ›Dallmann‹ am Mozartplatz, und Geburtsort von Mozarts Mutter Anna Maria Pertl (1720). Mozartgedenkstätte im Bezirksgericht (15. Juni–15. Sept. di–so 10–12 u. 14–18 Uhr). Musikinstrumenten-Museum, Aberseestr. 11 (Juni–15. Okt. di–so 9–11 u. 15–19 Uhr). Im Spitzenkrämerhaus (1655) Heimatmuseum (Juni–15. Okt. di–so 9–11 u. 15–19 Uhr). Pfarrkirche St. Ägidius (1300, 18./19. Jh.) im Rokokostil.
ℹ Kurdirektion, Au 140, A-5360 St. Wolfgang, Tel. 06138/2239, Fax 223981, www.salzkammergut.at/wolfgangsee

Bad Ischl ⑥

›Kaiserlicher‹ Nobelkurort (13 900 Einw., 468 m) an Traun und Ischl.
Sehenswert: Traunpromenade mit Café ›Zauner‹, Kurpark, Trinkhalle (1829).
Museen: Kaiservilla (1854) im Kaiserpark (Führungen Mitte Mai–Okt. tgl. 9–11.45 u. 13–16.45 Uhr). Fotomuseum im Marmorschlössl im Kaiserpark (April–Okt. tgl. 9.30–17 Uhr). Lehár-Villa, Lehárkai 8 (Mai–Sept. tgl. 9–12 u. 14–17 Uhr). Stadtmuseum, Esplanade 10 (di, do–so 10–17, mi 14–19 Uhr). Technisches Museum, Sulzbach 178, OT Lauffen (April–Okt. tgl. 9–18 Uhr). Salzbergwerk, OT Perneck (tgl. Mai–Juni 9–15.45, Juli–Sept. 10-16.45 Uhr).
Aktivitäten: Kuren, Reiten, Tennis, Rafting, Ballonfahrten, Bergwandern, Langlauf, Skifahren (Katrin-Seilbahn 1500 m).
Veranstaltungen: Operetten Festspiele (Juli/Aug.); Boogie 'n' Blues Festival (Juni).
ℹ Kurdirektion, Bahnhofstr. 6, A-4820 Bad Ischl, Tel. 06132/277570, Fax 277577, www.salzkammergut.at/badischl

Bad Goisern ⑦

Kurort mit Jod-Schwefelquelle (504 m), der das Brauchtum hoch hält.
Sehenswert: Pfarrkirche St. Martin (1487, 1835–37 umgebaut).
Freilichtmuseum Anzenaumühle (Mai bis 26. Okt. do–sa 9–12 u. 14–17 Uhr).
Veranstaltungen: Glöcklerlauf (5. Jan.); Gamsjagatage (Ende Aug.); Sommerkarneval (Ende Aug.); Bläserurlaub (Ende Aug./Anf. Sept.).
ℹ Kurverband, A-4822 Bad Goisern 17, Tel. 06135/83290, Fax 832974, www.tiscover.com/bad-goisern

Hallstatt ⑧

Die Stadt (508 m) am Hallstätter See gehört mit der Dachsteinregion zum Weltkulturerbe der Unesco.
Sehenswert: Kirche Mariä Himmelfahrt (1505) mit Flügelaltar (um 1515) von Linhart Astl, daneben makabrer Karner.
Museen: Prähistorisches Museum mit keltischen Funden, Seestr. 56, und Heimathaus (tgl. April u. Okt. 10–16, Mai–Sept. 10–18 Uhr). Salzbergwerk (tgl. Mai–Sept. 9.30–16.30, Okt. 9.30–15 Uhr).
Aktivität: Tauchzentrum.
Veranstaltung: Bootsprozession (Fronleichnam).
Umgebung: *Obertraun* (6 km östl.) mit Talstation der Dachsteinseilbahn (Mammut- und Rieseneishöhle). In herrlicher Gebirgslandschaft liegen *Gosau* (15 km westl.) und die zauberhaften Gosauseen.
ℹ Tourismusbüro, Seestr. 169, A-4830 Hallstatt, Tel. 06134/8208, Fax 8352, www.tiscover.com/hallstatt

Bad Aussee ⑨

Nostalgischer Kurort (650 m), berühmt für erlesenen Trachtengeschäfte.
Sehenswert: Kirche St. Paul (ab 13. Jh.).
Museen: Kammerhofmuseum, Chlumeckyplatz 1, u.a. Salinengeschichte (Mitte Juli bis Sept. tgl. 10–12 u. 15–18 Uhr); in *Altaussee* (5 km nördl.) Salzbergwerk (April–Okt. tgl. 10–16 Uhr).
Aktivitäten: Kuren, Kulturwandern (Via Artis), Wassersport, Golf (9 Loch).
Veranstaltungen: Narzissenfest (Juni); Ausseer Kultursomme (Juli/Aug.); Festspiele (Juli/Aug.) im Salzbergwerk Altaussee.
Umgebung: Bilderbuchsteiermark sind *Grundl-* und *Toplitzsee* (5 und 11 km östl.).
ℹ Informationsbüro, Kurhausplatz 5, A-8990 Bad Aussee,Tel. 03622/540400, Fax 52324, www.ausseerland.at

Maßstab 1:250.000 — 0 – 2,5 – 5 – 7,5 – 10 – 12,5 km

Bezwinger des Hohen Göll, 2522 Meter hoher Grenzberg zwischen Salzburg und Bayern.

Salzachstädte und Tennengebirge

Weiße Knappenkutte anziehen und auf dem ›Wurstwagen‹ in die Tiefe der Dürrnbergsalzgruben abrauschen: Etwa zwei Stunden dauert die Führung durch das aufgelassene Bergwerk. An die ersten Schürfer erinnert das Keltenmuseum in Hallein. Adnets Marmorbrüche erschließt ein Lehrpfad. Der Salzach, vorbei an Golling, Werfen und Bischofshofen, folgt der Tauernradweg. Oberhalb des Tals unverfälschtes Tennengauer Hinterland, wo sich im Schatten der ›Salzburger Dolomiten‹ die letzte Wilderertragödie des Landes fernsehwirksam abspielte.

△ Moderner Materialabbau in einem der Marmorsteinbrüche im Wald von Adnet

△ Hier wird Hallein regiert

Schnabelkanne (um 400 v. Chr.) aus dem Halleiner Keltenmuseum ▽

Floßfahrt über einen unterirdischen Salzsee – Erlebnis im Bad Dürrnberger Salzbergwerk ▽

△ Adnet vor dem Untersberg

Zargen und Hämmer: Außer dem Marmormuseum gibt es in Adnet auch einen Marmorlehrpfad ▽

Salz als Kultur, Salz als Wohlstandsbringer, Salz als Erlebnis: Nicht umsonst präsentiert der Landespatron St. Rupert ein holzgeküfertes Salzfässchen.

Uralt: das Salz aus Hallein

Salzburgs Anfängen auf die Spur kommt man in Hallein, einst Hauptstadt des Salzhandels, deren keltischer Name nichts anderes als Salz bedeutet. Die behäbigen Bürgerhäuser der Altstadt zeugen vom ehemaligen Wohlstand. 1989 wurde die Grube geschlossen. Austrosalz wird jetzt nur noch bei Bad Ischl produziert. An die Kelten, die als erste das weiße Gold abbauten, erinnert das Keltenmuseum. Die Fahrt durch das nahe Salzbergwerk von Bad Dürrnberg auf waghalsigen Hundeschlitten, den ›Wurstwagen‹, vermittelt Salzhauergefühle. Höhepunkte sind: der unterirdische Grenzübergang nach Deutschland, die Salzseebootsfahrt, die ›heißen‹ Holzrutschen und die Attrappe des Mannes im Salz.

Auf magischen Keltenspuren

›Am Fleisch gantz geselcht, gelb und hart wie ein Stockfisch‹, so schreibt eine zeitgenössische Chronik über die Männer im Salz, die 1573 und 1616 im Dürrnberg gefunden wurden. Die ›Salzheiden‹ waren keltische Bergleute, die bei einem Grubenunglück mit Solewassereinbruch vom Salz umschlossen und über die Jahrtausende konserviert wurden. Man brachte die unheimlichen Funde in die Kirche, aber an frischer Luft verwesten sie schnell. Erstaunlich lebendig ist hingegen die keltische Kultur, was mit der originalgetreuen Keltendorf-Attrappe vor dem Bergwerk zusammenhängen mag. Bäckereien bieten Keltenbrot in magischen Spiral-Formen an, Goldschmiede tun es ihnen nach. Wünschelrutengänger, die sich auf druidisches Geheimwissen berufen, versuchen weitere Salzmänner aufzuspüren, und Keltenbrüder aus dem gaelischen Irland spielen regelmäßig beim Halleiner Folklorefestival auf.

Marmorhauer und Kugelmüller

Der porphyrfarbene Adneter Rotschliff gehörte und gehört zu den höchstgeschätzten Marmorsorten Mitteleuropas. In Adneter Stein

△ Alpenkarawanserei: die ›Goldene Traube‹ in Golling

Wild und ungestüm: der Gollinger Wasserfall ▽

△ Ziel für Waldwanderer ist die Branterer Mühle in St. Koloman bei Kuchl

△ Gemütlicher Bäuerinnenmarkt in Kuchl

Blick zum 2307 Meter hohen Freieck im Göll-Massiv: Wann kommt der nächste Adler? ▽

ließen sich Habsburger Kaiser in Wien, Polenkönige in Krakau und auch Kaiser Maximilian in Speyer bestatten. Ob Belvedere in Wien oder das München Ludwigs I., ohne Adneter Marmor ging nichts. Heutzutage werden die Steine meist für bescheidenere Zwecke gebrochen, etwa als edlerer cotto-Fußbodenersatz oder für Türrahmungen.
Ein interessanter Lehrpfad – von der Pfarrkirche zum Kirchenbruch und zum Lienbacher Bruch mit Katzensteig – macht mit der Arbeitswelt der Steinbrüche vertraut. Typisch für Salzburg sind vor allem die vom Kugelmüller in Wassermühlen polierten Kugeln, die früher als Schiffsladung, Kanonenfutter oder auch schon Spielzeug massenweise exportiert wurden. Bis heute vor Ort verblieb die Brüstung aus Adneter Marmor von der Außenkanzel der Nikolauskirche in Torren (1517) ganz in der Nähe der Gollinger Wasserfälle.

Der Tauernradwanderweg

Von Krimml bis Passau oder umgekehrt. 325 Kilometer mit ganzen 750 Meter Höhenunterschied entlang der Salzach. 1991 hat das Land Salzburg zusammen mit dem bayerischen Nachbarn den Radwanderweg eingeweiht. Mehr als nur ein paar Schilder. Denn immer mehr einheimische Betriebe machen mit. Gasthöfe heißen ›Bikers welcome‹ und bieten kräftigende Müslifrühstücke an, Radreparateure sind überall schnell zur Stelle.
Die ausgezeichneten offiziellen Radbroschüren teilen das Unternehmen in angenehme Tagesrouten ein und geben jede Menge Tipps. Nur so viel: Die 38 Kilometer langen Radletappen zwischen Hallein, dem Pass Lueg, einst die wichtigste Verbindung zwischen Salzburg und seinem Gebirgshinterland, und Werfen, wo das Salzachtal klammeng wird, sind die anstrengendsten. Doch hier muss sich keiner lange allein abplagen, um sich am Ende die Tauernbike-Plakette anstecken zu können.

Festung Hohenwerfen

Der stattliche Marktort Werfen wird überragt von der mächtigen Festung Hohenwerfen. Eine Erlebnisburg, in der jeder auf seine Kosten kommt. Sentimentale, wenn

△ Marterl in St. Martin an der Salzburger Dolomitenstraße, die dem Lammertal zu Füßen des Tennengebirges folgt

Der Filzhut gehört einfach dazu: Hutmacher Zapf in Werfen ▽

△ St. Martin traditionell: Jausenbesuch bei Waldarbeitern

St. Martin modern: Wasservergnügen im Seepark ▽

△ Der Fritzerkogel (2363 Meter) im Tennengebirge, gesehen von Lungötz bei Annaberg

Erlebnisburg Hohenwerfen ▽

sie die traurige Geschichte vom verliebten Erzbischof Wolf Dietrich von Raitenau hören, der hier im Kerker schmachtete, Jäger- und Hegerfans, wenn sie die Schlossfalknerei besuchen und Vergnügungslustige bei den ausgelassenen mittelalterlichen Tavernenfesten.

Von Hauben und Hüten

Wer lieber mit der Salzburger Festspielgesellschaft feiert und es zu schätzen weiß, den belgischen Skandal-Intendanten Gerard Mortier oder Margaret Thatcher am Nachbartisch sitzen zu haben, speist hingegen unten beim ›Obauer‹. Surhaxl mit Gänseleber, Almkäse mit Apfelchutney und Keltenbrot, Tennengauer Bauernlamm oder Krenrahmsuppe mit Beinschinken zu beinharten Preisen. Ein experimentierfreudiger Salzburger Gastrotempel, vierfach gekrönt mit den seltenen Hauben des Gault Millau. Gleich gegenüber geht's um andere Kopfbedeckungen. Der Hutmacher Zapf stellt seit Generationen edelste Trachtenhüte her – eleganter kann grüner Filz kaum sein.

Der letzte Wilderer

›Willst mir aufs Leben, Schütz?‹ Ein Wildererfolgstitel der letzten Jahre – auch das Fernsehen hat den freien edlen Wildschütz wiederentdeckt. Salzburgs letzte Wilderertragödie spielte 1954 im hinteren Lammertal, im Prombergwald beim friedlichen Ferienort Annaberg, im Schatten der ›Salzburger Dolomiten‹. Ein Maskierter erschoss auf Anruf den Jäger Hubert Wieser und verbarg sich dann wochenlang in einsamen Berghütten, bevor er in der Gappenalm Selbstmord beging.
Dass der Wilderer trotzdem im Volkslied immer der Gute ist, hat seinen Grund: Im Mittelalter durften nach germanischem Recht alle freien Bauern jagen. Im 15. Jahrhundert wurde die Jagd durch Einführung des Römischen Rechts zum Fürstenprivileg, was die Bauern nie wirklich akzeptierten. Doch es konnte sie teuer zu stehen kommen. Wen man im 17. Jahrhundert beim Töten eines Steinbocks ertappte, der wurde zum Beispiel ohne viel Federlesens als Galeerensklave nach Venedig verkauft.

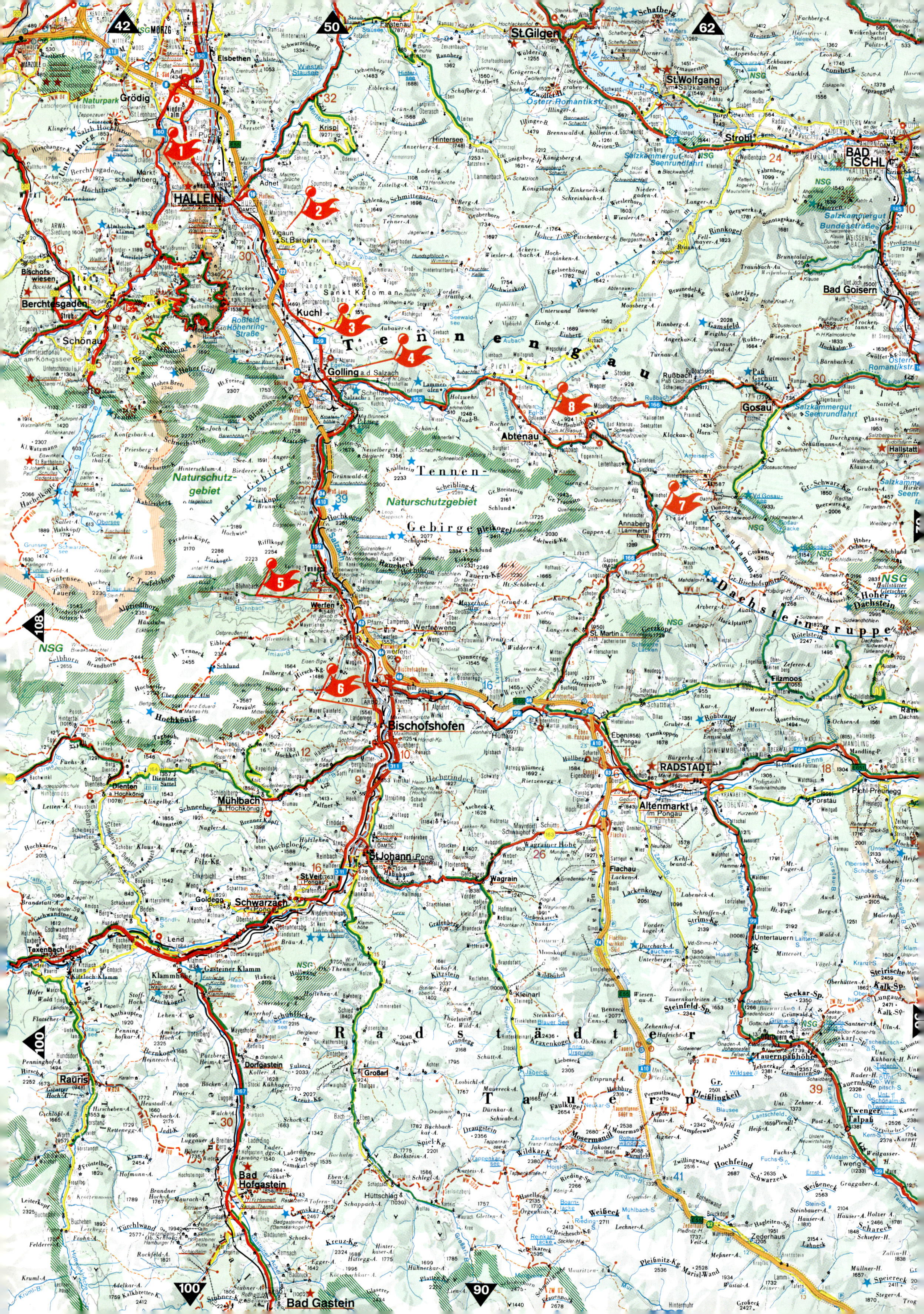
42
50
62
108
100
100
90
St. Gilgen
St. Wolfgang
Strobl
Bad Ischl
Salzkammergut Seenrundfahrt
Elsbethen
Anif
Grödig
Naturpark
Hallein
Adnet
Berchtesgaden
Schönau
Bischofswiesen
Sankt Koloman
Kuchl
Tennengau
Golling a.d. Salzach
Abtenau
Gosau
Hallstatt
Bad Goisern
Rußbach
Annaberg
Naturschutzgebiet
Tennen-Gebirge
Werfen
Werfenweng
Bischofshofen
Dachsteingruppe
Filzmoos
Radstadt
Altenmarkt im Pongau
Eben im Pongau
Mühlbach a. Hochkönig
Dienten
St. Johann i. Pong.
Wagrain
Flachau
Untertauern
Schwarzach i. Pong.
St. Veit i. Pong.
Goldegg
Lend
Taxenbach
Rauris
Kleinarl
Großarl
Hüttschlag
Radstädter Tauern
Dorfgastein
Bad Hofgastein
Bad Gastein
Tauernpaßhöhe

Wo gibt es was?

Fähnchennummer = Textnummer ⓘ = Auskunft

Hallein ①

Salz- und Keltenstadt (20 000 Einw., 450 m) am linken Salzachufer. 1989 wurde die Salzgewinnung eingestellt. Die Werkshallen auf der Pernerinsel werden als Spielstätten für diverse Produktionen, u.a. der Salzburger Festspiele, genutzt.
Sehenswert: Das im mittelalterlichen Stil erhaltene Zentrum mit seinen wuchtigen Bürgerhäusern steht unter Denkmalschutz. Die Dekanatskirche mit gotischem Chor besitzt ein klassizistisches Langhaus; der 1945 eingestürzte Turm wurde 1963–66 wieder aufgebaut. Die Peterskapelle wurde 1384 erstmals urkundlich erwähnt.
Museen: Keltenmuseum, Pflegerplatz 5 (April–Okt. tgl. 9–17 Uhr); Stille-Nacht-Museum, Wohnhaus F. X. Grubers vis-à-vis der Dekanatskirche (1. Advent–6. Jan. tgl. 11–17 Uhr), davor Grab des Stille-Nacht-Komponisten († 1863).
Aktivitäten: Bergwandern (Salzbergbahn auf den Dürrnberg) in den bayerischen Rupertiwinkel (Berchtesgaden), Canyoning, Rafting, Tennis, Radfahren, Golf (9 Loch), Schwimmen; Sommerrodelbahn (2,1 km).
Veranstaltungen: Euregio-Radmarathon (Mitte Juni); Stadtfestwoche (Ende Juni/Anf. Juli); Festspiele auf der Pernerinsel (Juli/Aug.); Int. Folk-Festival (Ende Aug.).
Umgebung: Salzbergwerk (Führungen tgl. April–Okt. 9–17, Nov.–März 11–15 Uhr) in *Bad Dürrnberg* (2 km südl.). Daneben rekonstruiertes Keltendorf (wie Salzbergwerk). Oberhalb Pfarr- und Wallfahrtskirche Maria Dürrnberg (1594–1612) aus rosa Marmorblöcken. Das Hofbräu *Kaltenhausen* direkt an der Bundesstraße (1 km nördl.) ist Salzburgs älteste Braustätte (um 1470). *Adnet* (4 km östl.) hat berühmte Marmorbrüche (Lehrpfad). Marmormuseum in der Raiffeisenbank, Gemeindeplatz (Mitte Mai–Mitte Sept. mi 9–9.30 u. 17–18.30, 1. So/Monat 10.30–11.30 Uhr).
ⓘ Tourismusverband, Pernerinsel, A-5400 Hallein, Tel. 06245/85394, Fax 85394-14, www.hallein-tourism.com

Vigaun-Bad St. Barbara ②

Kurgemeinde (468 m) im Salzachtal mit modernem Kur- u. Rehabilitationszentrum.
Sehenswert: Gotische Hallenkirche (ab 1488). Spätgotische Filialkirche St. Margarethen.
Aktivitäten: Thermalbad (34 °C), Naturbad, Tennis, Rollerbahn, Wanderwege.
ⓘ Gästeinformation, Am Dorfplatz 11, A-5424 Vigaun-Bad St. Barbara, Tel. 06245/84116, Fax 82876, www.vigaun.at

Kuchl ③

Seit keltischer und römischer Zeit (Cucullae) besiedelte Marktgemeinde (465 m, über 1500 Gästebetten) im Salzachtal.
Sehenswert: Langgezogener Marktplatz (Anlage 15. Jh.). Spätgotische Pfarrkirche.
Heimatmuseum, Severinsplatz (Mai–Okt. so, mi, fr 9–12 Uhr).
Aktivitäten: Hallenbad, Wanderung auf den Georgenberg (Bronzezeit-Funde).
Veranstaltung: Fronleichnamsprozession; Bauernherbst (Ende Aug.–Okt.).
ⓘ Gästeinformation, Marktstr. 38, A-5431 Kuchl, Tel. 06244/6227, Fax 6227-75, www.salzburg.at/tourismus/kuchl

Golling ④

Tennengauer Ferienort (476 m) im Salzachtal.
Sehenswert: Prächtiger langgestreckter Marktplatz. Gotische Pfarrkirche St. Johannes der Täufer und St. Johannes der Evangelist (1689 barockisiert) mit Kruzifix (um 1500), Tulpenkanzel (1959) aus Adneter Marmor mit den Evangelistensymbolen. Schloss Goldegg (14./16. Jh.).
Museum: Thannhauser Bauernmuseum (so 9–17 Uhr).
Aktivität: Pferdeschlittenfahrt, Bluntautal.
Veranstaltungen: Kammermusikkonzerte auf Burg Golling.
Umgebung: *Gollinger Wasserfälle* (76 m; 45 Min. Spaziergang vom Zentrum) mit Kirche St. Nikolaus in Torren (1517–19). Am einst hoch bedeutenden *Pass Lueg* (2 km südl.) die 100 m tiefe wildromantische Salzachöfen-Klamm (Begehung 30 Min.). Im Ferienort *Scheffau am Tennengebirge* (3 km östl.) wuchtige spätgotische Wandpfeilerkirche St. Ulrich (15. Jh.).
ⓘ Tourismusbüro, Marktstr. 51, A-5440 Golling, Tel. 06244/4356, Fax 7766, www.golling-info.co.at

Werfen ⑤

Pongauer Markt (524 m), entstanden im 12. Jh. als Zoll- u. Mautstelle am Pass Lueg.
Sehenswert: Barockkirche St. Jakobus (1657). Kapuzinerkirche Mariahilf (1737). Eisriesenwelt, 30 000 qm-Eishöhle (Abfahrt Mai–Okt. tgl. 8.30–14.30/15.30 Uhr, ca. 4 Std., feste Schuhe, warme Kleidung).
Museen: Burg Hohenwerfen (11. Jh.) mit Waffenausstellung, Burgschenke, Landesfalkenhof (tgl. April–Anf. Nov. ca. 9–17, Greifvogelschau 11 u. 15 Uhr); Salzburger Landesskimuseum (mi, fr, sa, so 10–12 u. 14–18 Uhr) in *Werfenweng* (8 km östl.).
Veranstaltungen: Mittelalterfeste auf Burg Hohenwerfen; Konzerte; Theater; Bälle; Ausstellungen; Bauernherbst (Aug./Sept.).
ⓘ Tourismusverband, Markt 24, A-5450 Werfen, Tel. 06468/5388, Fax 7562, www.werfen.at

Bischofshofen ⑥

Die Einkaufsstadt (10 900 Einw, 547 m) gilt als moderner umweltfreundlicher Industriestandort. Problem aber ist der starke Durchgangsverkehr (Salzburg–Villach–Slowenien) im Zentrum.
Geschichte: Bischof Rupert von Salzburg ließ in Pongo (daher Pongau) im 8. Jh. die Maximilianszelle errichten, aus deren Rodungsgebiet ›Hofen‹ (1151) entstand. Da hier die Bischöfe von Chiemsee residierten, wurde daraus Bischofshofen. Von 1829 bis 1977 gab es bedeutende Kupfererzgruben.
Sehenswert: Pfarrkirche St. Maximilian (gotisiert mit romanischem Kern) mit Hochgrab von Bischof Sylvester († 1453) und Rupertikreuz (8. Jh.) im Pfarrschatz. Daneben Kastenhof (12. Jh.), Wohnturm. Got. Liebfrauenkirche mit Freskenresten (um 1420). Romanische Buchbergkirche mit Außenfresken. Burgruine Bachsfall (um 1200) der Herren von Pongowe (Pongau) oberhalb des Gainfeld-Wasserfalls (50 m).
Aktivitäten: Schießen, Angeln; Langlauf (Panoramaloipe), Eisstockschießen.
Veranstaltung: Endauscheidung der Vierschanzentournee, Skispringen (6. Jan.).
ⓘ Fremdenverkehrsverband, Salzburger Str. 1, A-5500 Bischofshofen, Tel. 06462/2471, Fax 3605, www.bischofshofen.net/

Annaberg im Lammertal ⑦

Bergdörfchen mit OT Lungötz (777 m) an der Salzburger Dolomitenstraße (30 km) durchs Lammertal. Mehrfacher Sieger im Salzburger Blumenschmuck-Wettbewerb.
Sehenswert: Pfarrkirche St. Anna (1752). Denkmalhof Gererhof, Tennengauer Paarhof (1680) mit Legdach (Mitte Juni–Mitte Sept. mi u. 1. So/Monat 15–17 Uhr).
Aktivitäten: Skigebiet Kopfberg (1600 m, Vierer-Sesselbahnen), Rodelbahn Lungötz.
Veranstaltung: Anglöckln (Advent).
Umgebung: Viele private Schnapsbrenner in *St. Martin am Tennengebirge* (950 m).
ⓘ Infostelle, A-5524 Annaberg im Lammertal 125, Tel. 06463/404057, Fax 404040, www.lammertal.com

Abtenau ⑧

Beliebter Ferienort (712 m) im Lammertal.
Sehenswert: Spätgotische Pfarrkirche St. Blasius (um 1500).
Museum: Denkmalhof Arlerhof (Mai–Sept. di, do, so 14–17 Uhr) in *Au* (2 km südl.).
Aktivitäten: Wanderungen im Naturschutzgebiet Tennengebirge (Bleikogel 2412 m).
Veranstaltungen: Freiluftkonzerte, Marktplatz (Sommer); Krampuslauf (5. Dez).
Umgebung: *Lammeröfen-Klamm* (9 km westl.), ein Dorado für Wildwasserrafting. Mautstraße (24 km) bis Strobl am Wolfgangsee über die *Postalm*, Österreichs größte Hochalm (1200–1900 m). Bergwander- und Skiort (Hornspitz-Gondel, Schlepplifte, Sesselbahnen) *Rußbach* (12 km östl.) am Pass Gschütt (964 m).
ⓘ Infostelle, Markt 165, A-5441 Abtenau, Tel. 06243/40400, Fax 404040, www.lammertal.com

Maßstab 1:250.000 — 0 2,5 5 7,5 10 12,5 km

Ein Stelldichein für
Fotografen und alle,
die vom Leben über
den Wolken träumen:
Ballonwochen im
Januar in Filzmoos.

›No risk, no fun‹ – Sportwelt Amadé

›Zwoa Brettln, a gfüahriga Schnee‹ ist schon längst nicht mehr genug für das Herz der umworbenen jungen Amadé-Fans. Carvingstrecken, für Snowboarder Halfpipes und Funparks gehören schon zum Standard. Da helfen nur Größe und Nervenkicks: Die Pongauer Skiwelt Amadé ist gigantisch, und ihr Angebot wirkt unerschöpflich. Kein Vergleich mit dem Sommer. Hier geht's noch immer recht traditionell zu, trotz 905 Quadratmetern Wasserwelt Amadé in Wagrain und Klammklettern bei St. Johann.

△ Auch traditioneller Wintersport hat nach wie vor Konjunktur – Eisläufer in Radstadt

△ Mit der Bischofsmütze (2459 Meter) als Kulisse: Pferdeschlitten in Filzmoos ...

△ ... und Heißluftballontreffen

Einkehrschwung auf der Straßalm ▽

Sag mir, wo die Skihaserln sind – Geselligkeit beim Après-Ski in Flachau ▽

Im Pferdeschlitten fahren, an der Schneebar Salsa tanzen oder beim Zorbing in einer durchsichtigen, hohlraumgefederten Plastikkugel hüpfend gen Tal schlittert: In der Pongauer Sportwelt Amadé kann sich jeder seinen Winterurlaub maßschneidern. Und wenn Petrus einmal nicht will, sorgen Beschneiungsanlagen für frisches Weiß.

Skifahren ohne Ende

Skilifte so weit das Auge reicht. Pongauer müssen zusammenhalten. So entstand 1995 die gigantischste Skischaukel Österreichs. 350 Kilometer präparierte Abfahrten und 130 Lifte wurden zur Sportwelt Amadé zusammengeschlossen. Eine geniale Marketingidee, die die Nächtigungszahlen nach oben schnellen ließ. Denn die Amadé-Orte Altenmarkt-Zauchensee, Eben, Filzmoos, Flachau, Kleinarl, Radstadt, St. Johann, Wagrain hatten zwar schon einige Skipromis hervorgebracht, standen aber sonst im Schatten der 3000-Meter-Gletscher-Skigebiete. Gezieltes Ansprechen jungen Publikums mit Fun rund um die Uhr und Extremsport sorgen seitdem für volle Winterbetten – hopping zwischen Piste, Halfpipe, Sauna und Schneetechno. Und es geht weiter. Fusionen wie am Aktienmarkt: Wem die Sportwelt Amadé nicht langt, kann die Salzburger Superskicard erwerben. Ein geniales 10- oder 14-Tage-Skiabo für alle Lifte des Salzburger Landes, das damit ganz einfach zum größten Skigebiet der Welt wird – so die Eigenwerbung.

Flauchauer Bua: ›Herminator‹

Eine Statue fürs Guiness-Buch der Rekorde: Hermann Maier (* 1972), Abfahrtsass, Skiweltmeister, mehrfacher Olympiasieger und natürlich gebliebener Flachauer Bua, wurde 1999 von Milka überlebensgroß in Schokolade nachgegossen – die siegreichen Bretter in der Hand. Die Riesenschoko steht als Holzkopie an der Talstation des Achter Jets, gleich gegenüber dem geisterbahnartigen Après-Treff ›Yeti's Partyhouse‹. Der sympathische Flachau-Flitzer ist ein unbezahlbares touristisches Zugpferd für seinen Heimatort und Amadé. Spätestens seit seinem spektakulären Abfahrtssturzflug bei der

△ Abseits der Hauptverkehrsverbindung durch das Salzachtal liegt Goldegg, dessen Schloss sich in einem Moorsee spiegelt

△ Jägerseehütte im Kleinarltal

Haflinger für die Kleinen: Reiten auf dem ›Neuberger Hof‹ bei Filzmoos ▽

△ Altenmarkt bewahrt die Tradition – im Heimatmuseum Furcht erregende Masken, so genannte Perchten, über Kleidern aus Tierfell ▽

Nagano-Olympiade 1998 zieht das Muskelpaket genau das gewünschte jugendliche und spendierfreudige Publikum an, das im verschneiten Flachau bis lange nach Mitternacht die Puppen tanzen lässt.
Wer noch mehr über den – nach dem Treff mit dem Kärntner Schwarzenegger ›Herminator‹ getauften – Pistenstar wissen will, kann sich im Hermann-Maier-Fan-Shop eindecken. Hier hat man die Wahl zwischen freundlich lächelndem Pistensaulogo oder Sturzfluglaiberl, um dazuzugehören zum globalen Fan-Club, dessen zeitgeistiges Motto *no risk, no fun* lautet. Oder Hermi nachmachen? Kein Problem. Mittlerweile gibt es jede Menge Zeitmessstrecken. Münzeinwurf genügt. Wer's ohne Purzelbaum schafft, kann nachher in der Purzelbaumhütte bei Wodka-Feige abfeiern.

Heiße Luft und guter Kuchen

Filzmoos, ein Name, den sich sportliche Engländer auf der Zunge zergehen lassen. Denn der gemütliche 1057 Meter hohe Ferienort, der von Bischofsmütze, Dachstein und Roßbrand gerahmt wird, ist das österreichische Mekka der Ballonfahrer: 50 knallbunte Fesselballons starteten 2000 allein zur britischen Ballonwoche Ende Januar vor gestochen scharfer Alpenkulisse. Fest auf dem Boden der Tatsachen geblieben ist hingegen die Bergbauerntochter Annemarie Moser, geborene Pröll, aus Kleinarl. Die ›Jeanne d'Arc des Skisports‹ und sechsfache Weltcupsiegerin verkauft in ihrem Café in Kleinarl so köstliche Mehlspeisen wie Moosbeertopfenstrudel.

Salzburger ab nach Chicago!

Eine Tragödie spielte sich 1731/32 in den Gebirgstälern von Pinz- und Pongau ab. Erzbischof Leopold Firmian hatte Ernst gemacht und die ›Lutherischen‹ aus seinen Landen vertrieben. Es waren Zehntausende, die gehen mussten, denn fast alle Bergleute hingen der evangelischen Lehre an. Zwei Drittel der Wagrainer mussten damals auswandern, die Bergwerke konnten aus Fachkräftemangel nicht mehr betrieben werden.
An Grausamkeiten wurde nicht gespart, manchen Eltern wurden die

△ Alpenschmankerl zum Bauernherbst: Kohlkopf frisch vom Landwirt aus der Gegend von Goldegg

Zum Erntedank marschieren die Schützen auf, nicht nur in Goldegg ▽

Die Salzach: Revier für Riverrafter – Ankunft bei Schwarzach ▽

△ Zu Füßen der Sportwelt Amadé: St. Johann im Pongau

Nur wenige Kilometer südlich liegt die Liechtensteinklamm ▽

Kinder weggenommen, um zwangskatholisiert zu werden, manche mussten Hab und Gut buchstäblich über Nacht verlassen. Die meisten Salzburger Protestanten gingen nach Preußen. Aber auch in Amerika, wo sie die Stadt Savannah gründeten, gibt es noch heute eine Salzburger Society. Ein Unrecht, das in Salzburg immer mehr thematisiert wird. Übrigens: Prominente evangelische Österreicher einst und heute sind etwa der Walzerkönig Johann Strauss und Skiass Franz Klammer.

Verschiedene Welten

20 Jahre jeden Sommer nach Flachau. Die Kölner Familie im mit Busgruppen gefüllten Heimathaus ist sichtlich gerührt, als der Obmann der Trachtengruppe sie auf die Bühne ruft und die goldene Ehrennadel ansteckt. Für junge Sommergäste ist das nichts. Eher schon Wagrains Wasserwelt Amadé: 905 Quadratmeter Badefläche mit ›Tatzelwurm‹, Wasserfontänen, Röhrenfunrutsche, Bodenblubber, Mutter-Kind-Becken.

Oder – viel spannender – Klettern in der Liechtensteinklamm am Ausgang des Großarltals. Mit bis zu 300 Meter hohen Felswänden und 60 Meter hohem Schleierfall gehört sie zu den spektakulärsten Klammschluchten der Alpen. Fürst Liechtenstein, Statthalter von Salzburg und Bergpionier, stiftete 1875 die Mittel für die Erschließung und gab dem Naturwunder seinen Namen.

Blick in die Landesgeschichte

An die Landesgeschichte erinnern Goldegg und Schwarzach. Schloss Goldegg, zeitweise Tagungszentrum für neue Wellness-Gedanken, birgt einen Kemenatensaal des 14. Jahrhunderts und einen Rittersaal von 1536, an dessen Wappenausmalung die gesamte Geschichte des reichsständischen Salzburger Establishments abzulesen ist.

Die Politopponenten versammelten sich 1729 um den Salzleckertisch im Schwarzacher Rathaus. Hier schworen die freien Bergbauern, nicht von ihrem lutherischen Glauben abzulassen, was ihnen als Empörung ausgelegt wurde und die Vertreibung der Salzburger Protestanten 1731/32 auslöste.

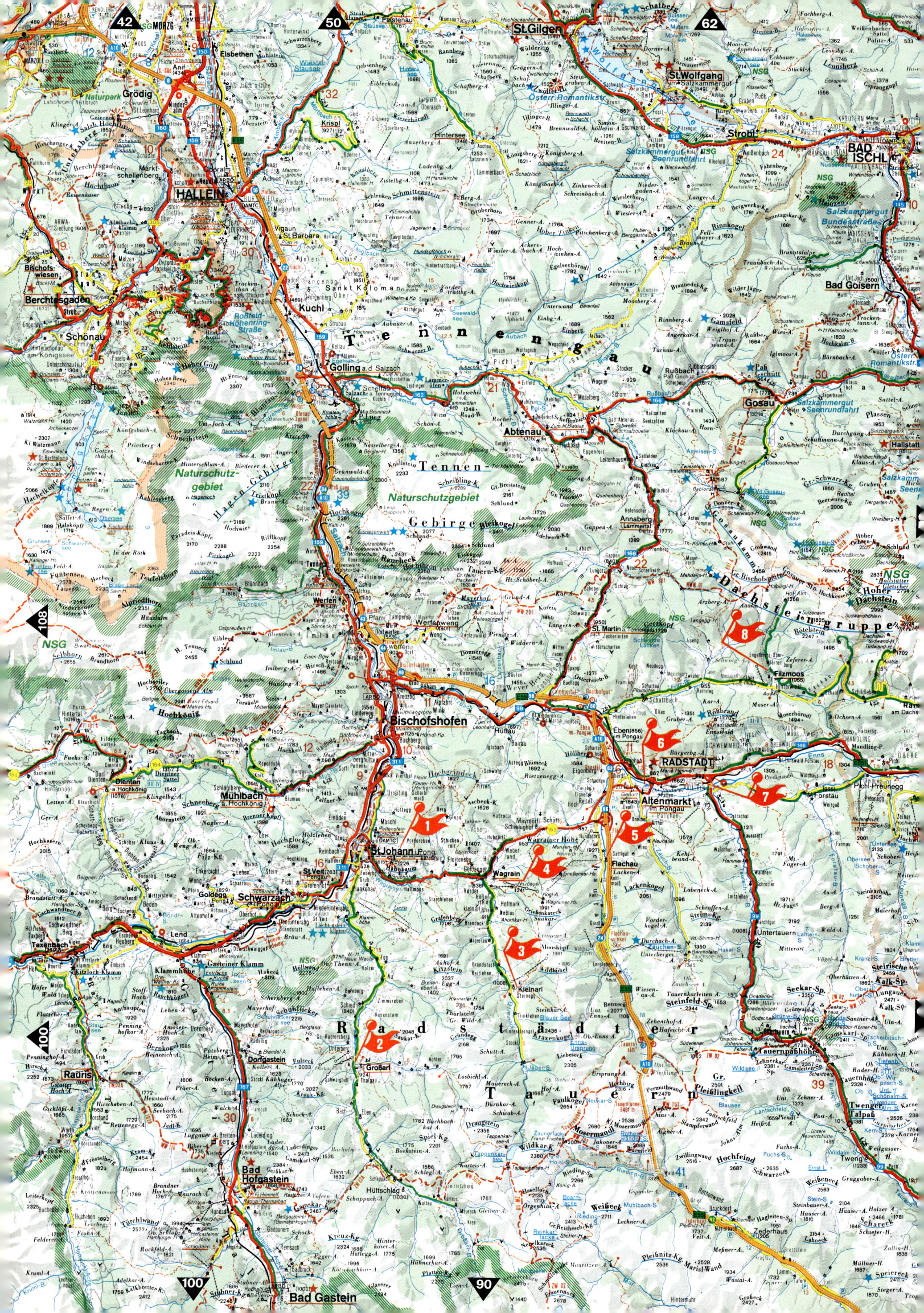
42
50
62
St.Gilgen
St.Wolfgang
Strobl
BAD ISCHL
Grödig
Elsbethen
HALLEIN
Berchtesgaden
Schönau
Kuchl
Golling a.d.Salzach
Abtenau
Gosau
Bad Goisern
Tennengau
Tennen-Gebirge
Naturschutzgebiet
Naturschutz-gebiet
Hagen-Gebirge
Dachsteingruppe
Annaberg
Werfen
Werfenweng
Bischofshofen
St. Martin
Filzmoos
Hochkönig
Dienten
Mühlbach a. Hochkönig
St.Johann i.Pong.
Wagrain
Flachau
Eben i. Pongau
RADSTADT
Altenmarkt im Pongau
Schwarzach
St.Veit i.Pongau
Goldegg
Lend
Taxenbach
Rauris
Dorfgastein
Bad Hofgastein
Bad Gastein
Großarl
Kleinarl
Untertauern
Tauernpaßhöhe
Radstädter Tauern
108
100
100
90
1
2
3
4
5
6
7
8

Wo gibt es was?

Fähnchennummer = Textnummer ⓘ = Auskunft

St. Johann im Pongau ①

Hauptstadt (10 300 Einw., 615 m) und kulturelles Zentrum des Pongaus. Gute Einkaufsmöglichkeiten.
Sehenswert: ›Pongauer Dom‹ (1855–73, neugotisch). Annakapelle (14. Jh.) mit den Heiligen Heinrich u. Kunigunde (um 1530) auf dem Untergeschoss-Altar. Arthurstollen, Kupferbergwerk (Mitte Mai–Mitte Okt.).
Aktivitäten: Squash, Wandern (Gernkogel 1787 m); Skilaufen (Sportwelt Amadé), Funpark/Halfpipe, Langlauf, Höhenloipe (4 km), Nachtrodeln, Eislauf.
Veranstaltung: Krampuslauf im Obermarkt mit ca. 400 Krampussen (6. Dez.).
Umgebung: Ortsteil *Alpendorf* (3 km östl., 800 m) am Fuß des Gernkogels: Hoteldorf (1300 Betten) mit großem Unterhaltungsangebot. *Liechtensteinklamm* am Ende des Großarltals (3 km südl.): 2–4 m breit, bis 300 m hohe Felswände, 60 m hoher Wasserfall (Mitte Mai–Anf. Okt. tgl. 8–17 Uhr, Durchgang ca. 30 Min.). *St. Veit* (3 km westl.) mit Cafés/Restaurants in schönen Bürgerhäusern und vierschiffiger Vituskirche (14./15. Jh.). Kultur- u. Seminarzentrum Schloss (14./16. Jh.) *Goldegg* (10,5 km westl.) mit schönem Rittersaal und Heimatmuseum (Führungen Mai, Juni, Sept. do, so 15 u. 16, Juli/Aug. di, do 10.30, 15, 16, so 16, Okt.–April do 14 Uhr).
ⓘ Tourismusverband, Ing.-Ludwig-Pech-Str. 1, A-5600 St. Johann, Tel. 06412/60360, Fax 6036-74, www.stjohann.co.at

Großarl ②

Hauptort (924 m) des hüttenreichen Großarltals, auch ›Tal der Almen‹ genannt, zwischen Radstädter und Hohen Tauern.
Sehenswert: Saalkirche St. Martin und St. Ulrich (1769). Alte Wacht (6 km nördl.), älteste Salzburger Mautstation (um 1680).
Museen: Heimatmuseum Kösslerhäusl, Bergknappenhaus (um 600), in *Eben* (3 km südl.; Anm. im FVV). Nationalpark-Info-Zentrum ›Talwirt‹ und Talmuseum (tgl. 10–22 Uhr) in *Hüttschlag/Stockham* (14 km südl.).
Aktivitäten: Wandern, Schwimmen, Radfahren; Skischaukel nach Dorfgastein (Gratisskibusse), Snowboard-Funpark/Halfpipe am Kreuzkogel; besonders beliebt bei Langläufern ist *Hüttschlag* (8 km südl.).
Veranstaltungen: Lady-Skiwoche (Ende März); Almfestwoche (Ende Juni); Musikantenfestival (Juli); Bauernherbst (Aug.–Okt.).
ⓘ Tourismusverband, A-5611 Großarl 1, Tel. 06414/281, Fax 8193, www.grossarltal.co.at

Kleinarl ③

Pongauer Ferienort (1014 m) im Kleinarltal.
Sehenswert: Café ›Annemarie‹ von Skias Annemarie Moser-Pröll aus Kleinarl.
Aktivitäten: Wandern, Reiten (Isländer), Tennis; Ski-/Langlauf (Sportwelt Amadé).
Umgebung: *Jägersee* (5 km südl., Rudern) mit Traditionswirtshaus. Von dort Wanderung zum *Tappenkarsee* (1762 m, Angeln), größter Bergsee (23,8 ha) der Ostalpen.
Veranstaltungen: Bergmessen; Bauernherbst; Winterfeste.
ⓘ Tourismusverband, A-5603 Kleinarl 124, Tel. 06418/206, Fax 2062, www.salzburg.com/kleinarl-tourismus

Wagrain ④

Pongauer Marktort (900 m) an der alten Tauernpassroute Salzburg–Venedig am Ausgang des Kleinarltales. Trotz des Brandes von 1927 geschlossenes Ortsbild ohne Riesenhotels mit schön restaurierten alten Bauernhöfen und Wirtshäusern.
Sehenswert: Pfarrkirche St. Rupert (14. bis 18. Jh., 1890 regotisiert). Auf dem Friedhof Grab von Karl Heinrich Waggerl (1897–1973) und vom ›Stille-Nacht‹-Dichter J. Moor († 1848). Franziskuskirche (1616, Santino Solari), heute Aufbahrungshalle.
Museum: Im Waggerl-Haus-Museum wird des Salzburger Heimat- u. Bauerndichters (›Brot‹) gedacht (di, do, fr 14–18 Uhr).
Aktivitäten: Wasserwelt Amadé (905 qm Badefläche), Paragleiten; Ski-/Langlauf (Sportwelt Amadé).
Veranstaltungen: ›Sunnawendtanz‹ der Trachtengruppen (Juni); Lindenfest, Marktplatz (Juli); Nostalgieskirennen (Winter).
ⓘ Tourismusverband, Markt 14, A-5602 Wagrain, Tel. 06413/8265, Fax 8449, www.wagrain-info.at

Flachau ⑤

Tourismusort (927 m) im Flachautal mit Anbindung an die Tauernautobahn. Im Winter ›fetzigster‹ Ort der Sportwelt Amadé wegen des großen Après-Ski-Angebots (Purzelbaumalm, Hostadel, Dampfkessel, Yeti Bar, Brennhütte, Ziachschlitten u.a.m.).
Sehenswert: Barocke Pfarrkirche (1722) mit Altarbild von Michael Rottmayr (1722). Statue des mehrfachen Olympia-Weltcupsiegers und Weltmeisters H. Maier (*1972) an der Achter Jet-Talstation. Hermann-Maier-Fan-Shop, Hofgasse 238 (Sommer mo–fr 14–17, sa 9–12, Winter tgl. 9–12 u. 14–19 Uhr).
Aktivitäten: Sommer: 1000 km markierte Wanderwege, Rad- und Mountainbikewege, Reiten, Klettern, Canyoning, Quigong-Wellness-Programme, Freewheelingkurse für Inlineskater, Zorbing – Talrollen in Kunststoffkugeln (ganzj.), Fischen, Badeseen *Reitdorf* (3 km nördl.) und *Flachauwinkel* (2 km südl.). Winter (Sportwelt Amadé): Ski-/Langlauf, Flutlichtpiste, Funpark, Halfpipe, Eislaufplatz, Pferdeschlittenfahrten.
Veranstaltungen: UFO-Invasion am Space Jet (Febr.); Herz Jesu Prangtag (Anf. Juli); Heimatabend im Festsaal (Sommer do); Musikantentreffen beim ›O'Dati‹ (1. Do/Monat); Bauernherbst (Mitte Aug.–Mitte Okt.); Mountainbike Marathon (Mitte Aug.); Int. Inline Skate Asphalt Carver (Anf. Sept.).
ⓘ Tourismusverband, Dorfstr. 172, A-5542 Flachau, Tel. 06457/2214, Fax 2536, www.flachau.org

Altenmarkt im Pongau ⑥

Ferienort (843 m) an der Mündung des Zauchbachs in die Enns. Standort von Sepp Rohrmosers Skifabrik Atomic.
Sehenswert: Gotische Basilika St. Maria (Ende 14. Jh.) mit ›Altenmarkter Madonna‹ (Prager Schule um 1400); Taufkapelle ist die Annakapelle in ehem. Karner (1395).
Museen: Heimatmuseum ›Bruderhaus‹ im Zentrum, Gerätemuseum in der Scheune des Dekanatshofs (mo, mi, fr 16–18 Uhr).
Aktivitäten: Reiten, Rodelbahn, Baden in *Zauchensee* (10 km südl.; Ski-/Langlauf (Sportwelt Amadé) bis Zauchensee.
Veranstaltungen: Zahlreiche Skirennen.
ⓘ Tourismusverband, Sportplatzstr. 486, A-5541 Altenmarkt-Zauchensee im Pongau, Tel. 06452/5511, Fax 6066

Radstadt ⑦

Historisches Städtchen (856 m) im Ennstal.
Sehenswert: Mittelalterliche Stadtmauer (13. Jh.). Pfarrkirche Mariä Himmelfahrt (1865 historisch erneuert).
Museen: Schloss Lerchen (15. Jh.; tgl. Juni–Okt. 10–12 u. 15–17, Weihnachten–März 10–11.30 u. 15–16.30 Uhr). Kapuzinerturm, Waagen und Spielzeug (Juni–Sept. tgl. 9.30–11.30 u. 14–16 Uhr).
Aktivitäten: Golf (18 u. 9 Loch), Radfahren (Ennsradweg), Reiten; Ski-/Langlauf (Sportwelt Amadé), Eislauf, Rodeln.
Veranstaltungen: Amadé-Radmarathon (Ende Mai); Knödelfest (Ende Juli); Kunsthandwerksmarkt (Anf. Sept.).
Umgebung: Rossbrand-Bergstraße (12 km) zur Radstätter Hütte (1770 m, Aussicht!).
ⓘ Tourismusverband, Stadtplatz 17, A-5550 Radstadt, Tel. 06452/7472, Fax 6702, www.radstadt.com

Filzmoos ⑧

Gebirgsdorf (1055 m) zu Füßen von Bischofsmütze (2454 m) und Dachstein.
Sehenswert: Got. Pfarrkirche mit ›Filzmooser Kindl‹ (Jesusfigur, 15. Jh.).
Hofmuseum Filzmoos in der Oberhoftenne, bäuerliche Geräte (di 16–18 Uhr).
Aktivitäten: Schwimmen, Bergwandern, Kletterwand, Reiten, Tennis, Heißluftballonfahren; Ski-/Langlauf (Sportwelt Amadé), Höhenloipe (13 km), Snowboarden, Schneeschuhwanderungen, Pferdeschlittenfahrten.
Veranstaltung: Ballonwochen (Jan.).
Umgebung: Mautstraße zur bewirtschafteten Hofalmen (1298 m, 5 km nördl.).
ⓘ Tourismusverband, A-5532 Filzmoos 50, Tel. 06453/8235, Fax 8685, www.filzmoos.at

Maßstab 1:250.000

0 2,5 5 7,5 10 12,5 km

Wie ist der Mensch doch klein: Samsontreffen in Mauterndorf.

Dornröschen Österreichs: Lungau

Erst 1974 wurde durch den Bau des Tauernautobahntunnels das Lungau ganzjährig von Westösterreich aus erreichbar. So blieb dem Hochland an der oberen Mur seine ganz eigene Kulturfärbung erhalten: himmelstrebende Umzüge, Maibäume, nicht versperrte Kirchen, ›Troadkästen‹, Bauernhöfe mit altslawischen Giebelformen, Handwebereien und statt Hotelriesen freundliche Pensionen, in denen die Wirtin für ihre Gäste noch ›Hasenöhrl-Krapfen‹ backt. Eine Region für Individualisten.

△ Teppiche, Zierkissen, Tischdecken aus der mit dem Staatspreis ausgezeichneten Kunstweberei Pirkner in Sauerfeld

△ Steiler Anstieg zum steilen Turm der spätgotischen Wallfahrtskirche St. Leonhard ob Tamsweg

Tamsweg: Schatz der Wallfahrtskirche sind die mittelalterlichen Fenster ▽

Eine der wichtigsten Salzburger Burgen: Schloss Moosham mit empfehlenswerter Schenke ▽

△ Auf dem Holzweg am Prebersee bei Tamsweg

›Musealer‹ Köhler beim Bundschuhmuseum südöstlich von St. Margarethen ▽

Tiefstes Österreich, das war und ist das über 1000 Meter hohe Lungau noch heute. Hier hat das Bonmot noch seine Gültigkeit, dass eine Gegend intakt ist, wenn die Zahl der Rindviecher die Zahl der Gästebetten übersteigt – etwa 15 000 zu 12 000 – und die Kinder auf dem Dorfplatz den Touristen noch grüßen.

Tauerntunnel – Für und Wider

Seit 2000 steht im Lungau die Wirtschaft Kopf. Denn das Privileg des kostenlosen Warentransports durch den 6,5 Kilometer langen Tauerntunnel ist von der EU aus wettbewerbsrechtlichen Gründen gekippt worden. Schon überlegt sich der Papierwarenhersteller Samson – mit 60 Angestellten ein Lungauer Riese –, ob er die Produktionsstätte verlegt. Dabei leiden gerade die tunnelnahen Zederhauser unter Lärm und Abgasbelastung in dem engen Gebirgstal und könnten über eine Verringerung des Verkehrsaufkommens durch Verteuerung nur froh sein. Jedenfalls kooperieren sie eng mit dem Transitforum Brenner und sind fest entschlossen, den Ausbau des einspurigen Tunnels so lange zu verhindern, bis eine hieb- und stichfeste Umweltprüfung durchgeführt ist. Einstweilen hat man im Tourismusbüro neben den Vitrinen mit den Weltkriegsorden eine Mess-Station für Luftqualität eingerichtet. Nur Durchrauschland Richtung Kärnten, Italien und Slowenien zu sein – die Lungauer, als provinzielle Sturköpfe gefürchtet, streiten dagegen an.

Himmelstrebende Spektakel

Vergoldete Heilige, intensiver Duft von Frauenmantel und Enzian: Zum frommen Spektakel der Prangstangen reisen sogar Japaner nach Muhr und Zederhaus. Denn dort, so die Sage, beflochten die Bauern nach einer Heuschreckenepidemie acht bis zwölf Meter hohe und 85 Kilo schwere Stangen mit Bergblüten, 60 000 jeweils. ›Burschen ohne Alimentationsverpflichtungen‹ bugsieren die Blumenpracht am ›Prangtag‹ durch die Orte und in die Pfarrkirche, wo sie bis zum ›Hohen Frauen Tag‹ (15. August) verbleiben. Dann werden die Trockenblüten zum Hausräuchern verteilt.

△ Zederhaus: Nur unbescholtene Burschen dürfen die Prangstangen tragen ... ... bis vor den Altar der Pfarrkirche ▽

Obertauern: Über den Tauernpass zogen schon die Römer ▽

△ *In Festtagstracht zum Prangstangentragen in Zederhaus …* *… wie zum Samsontreffen in Mauterndorf* ▽

Lebendig ist auch der Brauch der Samsonläufe. Eigentlich ein Ritus zu Fronleichnam, laufen die Riesenstatuen heute touristenwirksam bis August durch Orte wie die beschauliche Hauptstadt Tamsweg, Mauterndorf, Österreichs angeblich sonnenreichste Gemeinde Mariapfarr oder Tweng am Fuß des Tauernpasses.

›Help!‹ am Tauernpass

Bereits die Römer querten regelmäßig den Tauernpass. Später floh Erzbischof Wolf Dietrich von Raitenau über die Passhöhe vor den Truppen des bayerischen Kurfürsten Maximilian. Und ab dem frühen 20. Jahrhundert war sie die einzige Auto- und Postbusverbindung von Salzburg ins Lungau.
1965 zog es die Beatles nach Obertauern. Der Grund: Die britische Popband war hier, um für den Kultfilm ›Help!‹ über Skihänge zu jagen. Allerdings gedoubelt – von Seppi, Lois, Theres und ihren Kollegen, die auf dem dick verschneiten Römerpass bis Anfang Mai arbeiten, wenn sie nicht Dauerskilaufweltrekorde aufstellen wie Christian Flühr vom 15. bis 18. Dezember 1999 mit 68 Stunden und 23 Minuten, dem Training von Hermann Maier zuschauen oder im ›Rosshimmel‹ oder der ›Tauernfalle‹ feiern.

Arsen und Sauschneiden

Bis ins 19. Jahrhundert stellte das abgelegene Tal Rekorde ganz anderer Art auf. Es war weltweit führend für Speik, Arsen und wandernde Tierkastrierer. Aus den Wurzeln der alpinen Speikpflanze macht man (noch heute) Seife, aber auch Parfüm, Motten- und Rattengift. Die Arsenbergwerke im Rotgüldental von Muhr produzierten 1854 zum Beispiel 62 Tonnen ›Hittrach‹ (Hüttenrauch-)Arsenik, das gegen Syphilis, aber auch von Rosstäuschern eingesetzt wurde. Die Murtaler Bauern galten als ›Arsenfresser‹, was in homöopathischen Dosen aufputschend und kräftigend wirkt. Vielleicht auch die rund 400 ›Sauschneider‹, die einst durch das Habsburgerreich zogen, um Eber, Stiere und Pferde fachgerecht zu verschneiden. Ein Wanderjob, über den das Lungauer Landschaftsmuseum auf Burg Mauterndorf ausführlich berichtet.

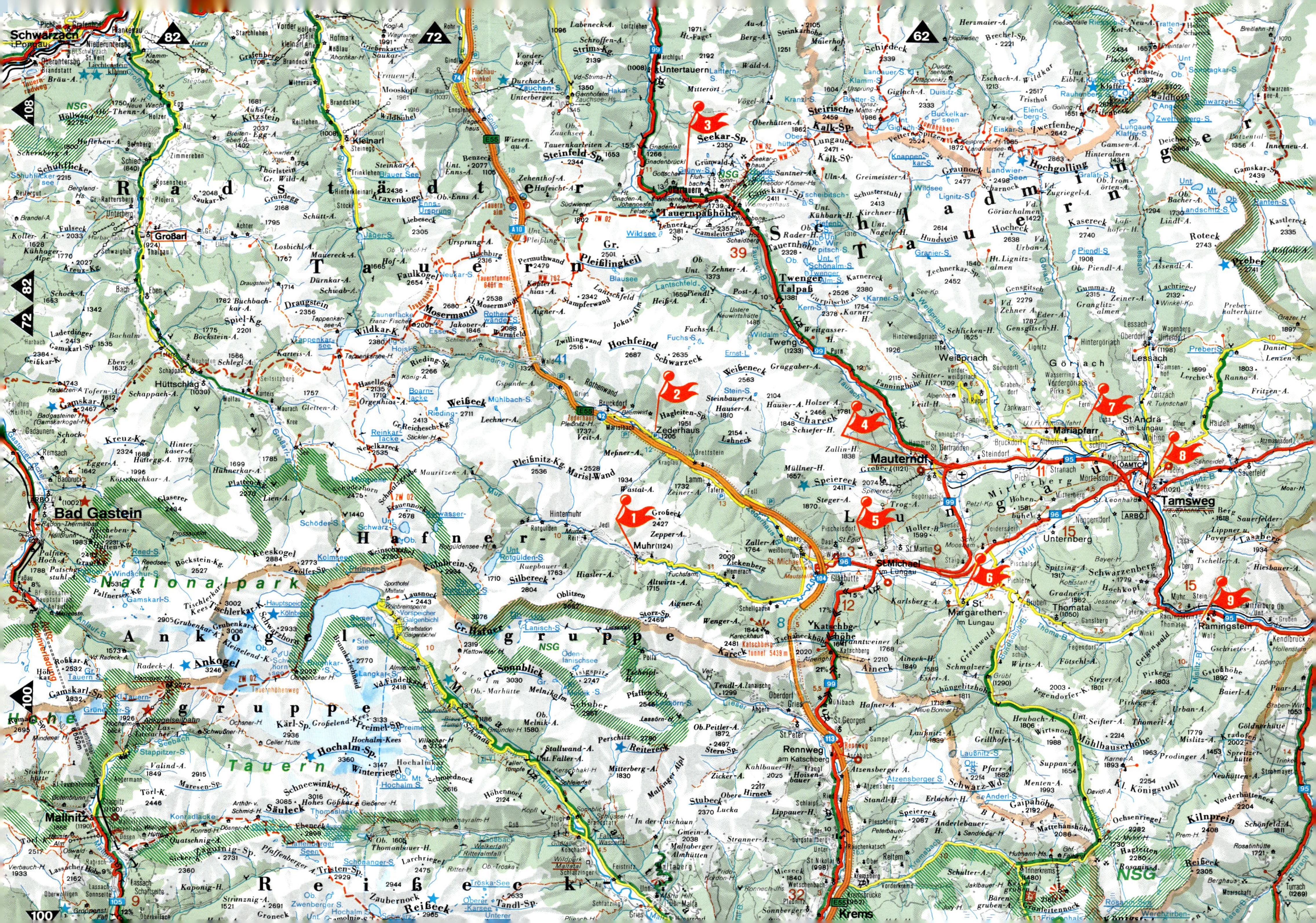

Schwarzach i. Pongau
Großarl
Bad Gastein
Mallnitz
Hüttschlag
Kleinarl
Radstädter Tauern
Tauernpaßhöhe
Untertauern
Seekar-Sp.
Steinfeld-Sp.
Pleißlingkeil
Mosermandl
Faulkogel
Wildkar-K.
Hochfeind
Zederhaus
Schwarzeck
Weißeck
Twenger Talpaß
Tweng
Schladminger Tauern
Hochgolling
Weißpriach
Mauterndorf
Mariapfarr
St. Andrä im Lungau
Tamsweg
Lessach
Göriach
Lungau
Mitterberg
St. Michael im Lungau
St. Margarethen im Lungau
Unternberg
Thomatal
Ramingstein
Muhr
Hafner-
Ankogel
Ankogelgruppe
Hochalm-Sp.
Nationalpark
Hohe Tauern
Gr. Hafner
Gr. Sonnblick
Katschberghöhe
Rennweg am Katschberg
Reißeck
Kilnprein
Krems
NSG

Wo gibt es was?

Fähnchennummer = Textnummer ⓘ = Auskunft

Muhr im Lungau ①

Familienfreundliches Bergdorf (1124 m) im Herzen des Nationalparks Hohe Tauern.
Sehenswert: Barockisierte Pfarrkirche (Prangstangen 29. Juni–15. Aug.).
Museen: Getreidemuseum (Tel. 06479/335). Mineraliensammlung, Fam. Kandler (Tel. 06479/277). Nationalparkausstellung Wildes Leben – ›die Tiere der Inszenierung‹.
Aktivitäten: Mur-Radweg bis Bad Radkersburg/Steiermark (365 km), Wanderwege (140 km), Wanderungen zu den 5 Gebirgsseen (Murursprung), Lehrwege zur Peter-Barbara-Lärche und zum Rotgüldensee mit Schautafeln, Getreideschaufeld.
Veranstaltungen: Prangstangenfest mit Samsonumzug (29. Juni/Peter u. Paul); Radveranstaltung Tour de Mur (meistens Juni).
ⓘ Infostelle, A-5583 Muhr 5, Tel. 06479/801. Nationalpark-Info Tel./Fax 335

Zederhaus ②

Kleiner Ferienort (1215 m) im Zederhaustal am Südausgang des Tauerntunnels.
Sehenswert: Bestechende, jahrhundertealte blumengeschmückte Bauernhäuser. Gotische Pfarrkirche mit schönen Heiligenfiguren (Prangstangen 24. Juni–15. Aug.).
Heimatmuseum ›Denkmalhof Maurerhaus‹, bäuerliches Leben früherer Jahrhunderte (Juni–Sept. mi, sa, so 14–17 Uhr).
Aktivitäten: Tennis, Angeln, Jagen, Wandern (150 km Wege), Kultur- u. Mühlenwanderweg, Waldlehrpfad; Eislauf, Langlauf, Skitouren, Gratisbusse in die Skigebiete.
Veranstaltung: Prangstangenfest (24. Juni, Johannestag).
ⓘ Infostelle, A-5584 Zederhaus 25, Tel. 06478/801, Fax 801-58

Obertauern ③

Im Winter angesagtes Skiresort (1740 m) unterhalb des Tauernpasses (1739 m). Olympiastützpunkt u. Höhentrainingslager.
Aktivitäten: Tennis, Squash, Bergwandern, z.B. zur Seekarspitze (2350 m); Skilaufen (Nov.–Mai, 120 km Pisten), Funpark, Höhenloipe (17 km), Pferdeschlittenfahrten.
Veranstaltung: Ski-Festivals (Dez., März, April); Beatleswoche (meistens April).
ⓘ Fremdenverkehrsverband, A-5562 Obertauern, Tel. 06456/7252, Fax 7515, www.salzburg.com/obertauern-tourismus

Mauterndorf ④

In dem Handels- und Marktort (1122 m) wurde 1144 die erste Zollstätte der Ostalpen errichtet (Maut = Wegezoll). Gute Wirtshäuser mit Lungauer Spezialitäten.
Sehenswert: Pfarrkirche St. Bartholomäus (gotisch, 17./18. Jh. barockisiert). Romanische Kirche St. Gertraud (um 1140) mit Anthoferkapelle (1627). Barockkirche St. Wolfgang (1647) mit Kalvarienberg (1776).
Lungauer Landschaftsmuseum auf der Erlebnis-Burg Mauterndorf (1253, 14.–16. Jh. ausgebaut) mit Spätmittelalterschau (1498), Sammlungen zur Kultur des Lungau (Juni–Mitte Okt. tgl. 10–17.30, letzter Einlass 16.30 Uhr, Audio-Guide).
Aktivitäten: Segelfliegen von Österreichs höchstem Flugplatz, Nostalgie-Taurachbahn (Juli/Aug. sa/so, Tel. 06472/7088) nach *St. Andrä im Lungau* (11 km östl.), Zimmergewehrschießen; Ski-/Langlauf.
Veranstaltungen: Int. Heißluftballonwoche (Mitte Jan.); Osterhasenfest, 2000 bunte Ostereier für Kinder (Ostersonntag); Samsontanz (um Fronleichnam).
ⓘ Infostelle, Markt 52, A-5570 Mauterndorf, Tel. 06472/7949, www.lungau.at

St. Michael im Lungau ⑤

Ferienort im Murtal (1075 m) zu Füßen des Katschbergs (1642 m).
Sehenswert: Pfarrkirche St. Michael (12. bis 17. Jh.) mit romanisch-gotischen Fresken, Wandmalerei der 7 Todsünden (1620). Wolfgangkapelle (14. Jh.), ehem. Beinhaus.
Aktivitäten: Heubadtherapie (Hiasbauer Tel. 7231), Squash; Ski-/Langlauf.
Veranstaltungen: Samsonumzüge (Anf. Juli–Aug.); Bürgermusikfest (Ende Juli); Erntedank mit Bauernherbst (Anf. Okt.).
Umgebung: Die barocke *Filialkirche St. Ägidius* (1 km nordwestl.). Berühmt sind die Fresken in der romanischen, 1513 umgebauten *Kirche St. Martin* (2 km östl.).
ⓘ Infostelle, Raikaplatz 242, A-5582 St. Michael, Tel. 06477/8913, Fax 8913-54, E-Mail: st.michael@lungau.at

St. Margarethen im Lungau ⑥

Ländlicher Ferienort (1064 m) im Murtal. Schon zur Römerzeit (Funde) besiedelt.
Sehenswert: Spätgotische Pfarrkirche (15./16. Jh.) mit Barockaltar.
Museum: Trottner Mühle (18. Jh.; Führungen, Tel. 06476/812).
Aktivitäten: Bergwandern, Asphaltstockschießen; Ski-/Langlauf, Murtalloipe.
Veranstaltung: Heimattheater (ca. Dez. bis März; Karten in der Raiffeisenbank).
Umgebung: *Schloss Moosham* (3 km nördl.), um 1200 erbaut, 1520–1790 Sitz des Landrichters (Hexenprozesse), 1886 von Hans Graf Wilczek erworben und mit Lungauer und exotischen Antiquitäten ausstattet, ist heute Museum (Führungen Mai–Sept. tgl. stdl. 9–16, Okt. u. Dez. di–so 11, 13, 14.30 Uhr); Schloss-Schenke mit vorzüglicher Fischküche und besten niederösterreichischen Wilczek-Weinen. 5 km südwestl. von *Thomatal* Industriedenkmal Hochofenmuseum Bundschuh mit Eisenschmelzanlage von 1862 (Juli, Aug. tgl. 10–16, Juni, Sept. mi, so 10–16 Uhr).
ⓘ Fremdenverkehrsverband, A-5582 St. Margarethen 73, Tel. 06476/812, Fax 527, www.lungau.at

Mariapfarr ⑦

Österreichs sonnenreichster Ferien- und heilklimatischer Kurort sowie Wallfahrtsort (1120 m). Hier schrieb Joseph Moor 1816 den Text ›Stille Nacht, Heilige Nacht‹.
Sehenswert: Gotische Pfarrkirche Unsere Liebe Frau (Kern romanisch), Mutterkirche des Lungaus (bereits 923 erwähnt); innen Fresken (um 1220, 14.–17. Jh.).
Aktivitäten: Ausritte auf Isländern, gute Wandermöglichkeiten bei *Göriach* (5 km nördl.) und im Göriachtal; Ski-/Langlauf.
Veranstaltungen: Faschingsumzug; Samsonumzüge; Gaudi auf dem Kirchplatzl (15. Aug.); Bauernherbst.
Umgebung: Tipp für Ruhe Suchende: *Weißpriach* (6 km nordwestl.) im 18 km langen ursprünglichen Weißpriachtal.
ⓘ Infostelle, Pfarrstr. 7, A-5571 Mariapfarr, Tel. 06473/8766, Fax 876632, E-Mail: mariapfarr@lungau.at

Tamsweg ⑧

Hauptort (1024 m) und wirtschaftliches Zentrum des Lungaus.
Sehenswert: Marktplatz mit alten Bürgerhäusern. Wallfahrtskirche St. Leonhard mit Schnitzaltären u. spätgotischen Fenstern.
Lungauer Heimatmuseum im Barbaraspital (Führungen Juni–Sept. di–sa 10, 14, 15.30 Uhr).
Aktivitäten: Erlebnisbad, Tennis, Fischen; Eislauf, Langlauf, Höhenloipe Prebersee.
Veranstaltungen: Samsonumzug (Fronleichnam); Scheibenschießen am *Prebersee* (8 km nördl.), wobei die Kugel von der Seeoberfläche abprallen muss (Ende Aug.).
Umgebung: In *Sauerfeld* (4 km östl.) Kunstweberei Pirkner (Tel. 06474/6286). In *Lessach* (7 km nördl.) und im Lessachtal beste Wander-/Bikemöglichkeiten zur Lasshoferalm (nur Sommer, Tel. 06484/324).
ⓘ Infostelle, Kirchengasse 107, A-5580 Tamsweg, Tel. 06474/2145, Fax 2145-42, E-Mail: tamsweg@lungau.at

Ramingstein ⑨

Ehemaliger Bergbauort (974 m) an der Grenze zur Steiermark und zu Kärnten.
Sehenswert: Schloss Wintergrün mit Rokokofassade. Troadkästen, Getreidespeicher. Burg Finstergrün (1900 romatischer Neubau), jetzt ev. Jugendfreizeitheim (Führungen Juli/Aug. mo, mi, fr, so 14 u. 15.30, Mitte Mai–Juni u. Sept. mi, so 15.30 Uhr). Wallfahrtskirche Maria Hollenstein (1748). Hochofen. Öko-Dorf.
Aktivitäten: Bergwandern, Wandern auf den Erzwegen, Murtalbahn-Fahrt; Ski und Snowboard in den Nockbergen.
Veranstaltungen: Kultursommer; Samsonumzüge; Silbermarkt; Bauernherbst.
ⓘ Infostelle, Gemeindeplatz 223, A-5591 Ramingstein, Tel. 06475/805, Fax 802-43, www.ramingstein.at

Maßstab 1:200.000 — 0 2 4 6 8 10 km

Sonniger Rastplatz mit bester Aussicht am Stausee von Kaprun.

Pinzgau: Magnet des Sommertourismus

Die Tauern, der majestätischste Gebirgsstock Österreichs mit dem schon auf Kärtner Gebiet liegenden Großglockner, grenzen das Pinzgau gegen Süden ab. Die Großglockner-Hochalpenstraße erschließt den Nationalpark Hohe Tauern, der vermeintlich längste Elektro-Schrägaufzug die ›Erlebniswelt Strom und Eis‹ des gigantischen Kraftwerks Kaprun. Österreichs Poeten treffen sich jeden März in Rauris, Wellness-Fans Sommer wie Winter im topmodernen Felsenthermalbad von Bad Gastein.

Fliegen Bälle in Höhenluft weiter? Golfplatz von Bad Gastein ▽

△ Durch Bad Gastein braust die Gasteiner Ache – mit einem eindrucksvollen Wasserfall in der Ortsmitte

Das Freibad von Bad Hofgastein vor herrlicher Bergkulisse ▽

△ *Ganz Bad Gastein mit luxuriösem Charme*

Die Kaiserin-Elisabeth-Promenade führt zum Montanmuseum Altböckstein ▽

Die Region zwischen Kitzsteinhorn und Krimmler Wasserfällen, Bad Gastein Großglockner und Großvenediger hat sich zum Magneten des Sommertourismus im Salzburger Land entwickelt und ist trotzdem intakte weltoffene Heimat geblieben.

3000 Edelweiß aus Bad Gastein

Etwas Unwirkliches hat Bad Gastein immer noch. Riesige, oft leer stehende Hotelpaläste der Belle Epoque und in Schönbrunnergelb gestrichene Villen im engen Alpental. Nicht umsonst war Bad Gastein mit dem Wasserfall im Zentrum einst Österreichs feinstes Bad. Das radonhaltige Tauernthermalwasser schaffte schon den VIPs des 19. Jahrhunderts Linderung. In die Gästebücher vom ›Straubinger‹ oder ›Mirabell‹ trugen sich Bismarck, Schopenhauer, Grillparzer und Arthur Conan Doyle ebenso ein wie Maharadschas und der deutsche Kaiser Wilhelm I. Bad Gastein ließ sich nicht lumpen und sandte zu seinem Begräbnis einen Kranz aus 3000 Edelweißsternen nach Berlin. Heute setzt der Kurort auf Skandinavierpackages, Alpin-Wellness im topmodernen Felsenthermalbad und Skischaukel.

Literatur beim Bergbauern

Österreichs Poeten wie der Pinzgauer Franz Innerhofer (›Schöne Tage‹) lieben es, sich im März im ›Tal der Eigenbrötler‹ ihren Fans zu stellen. Das tief verschneite Rauris, vor der Entdeckung Amerikas eine Art Alpen-Klondyke des Goldrauschs, bietet mit seinen wuchtigen Renaissance-Gewerkehäusern und behaglichen Gaststuben wie dem ›Platzwirt‹ oder ›Grimming‹ den entspannenden Rahmen, bei dem Genies gerne auftauen. Im Jahr 2000 wurden hier Stars der Szene beklatscht wie der Ovid-Poet Christoph Ransmayr, der Schweizer Hörspielautor Adolf Muschg, der Universallyriker H. C. Artmann († Dezember 2000) und der Globalanthologist Raoul Schrott.

Publikumsliebling Bodo Hell, im Nebenberuf Dachsteinsenner und Ziegenkäsespezialist, schrieb eigens ein Touristendrama ›Mohr im Hemd‹. Ein Event, dessen Beliebtheit mittlerweile namhafte Sponsoren ange-

△ *Die Edelweißhütte liegt etwa auf halber Strecke der Großglockner-Hochalpenstraße mit Mauthaus in Fusch* ▽

Jubiläumspferdeschau in Rauris, Österreichs einzigem Ort, wo die Zuchthengste im Frühjahr auf die Alm gehen ▽

△ Endpunkt der Großglockner-Hochalpenstraße ist Heiligenblut

Im Unterpinzgau zuhause: Haflinger und Noriker ▽

zogen hat. Denn Rauris geht beherzt ins neue Millennium und präsentiert sich als Alpen-Net-Dorf, in dem sogar die 1797 gegründete Trachtenmusikkapelle ihre eigene Homepage hat. Einzig in Österreich: der traditionelle Hengstauftrieb Anfang Juni.

Das Bartgeierprojekt

Was verbindet die Zoos von Alma Ata und San Diego und das abgelegene Krumltal bei Rauris? Ein international koordiniertes WWF-Programm, um den 1913 in den Alpen ausgerotteten Bartgeier wieder heimisch zu machen. Denn der fünf bis sieben Kilo schwere Vogel, der hauptsächlich von Knochen und Sehnen lebt, trug einst selbstverständlich zum ökologischen Gleichgewicht der Tauern bei. Mittlerweile sind seit 1986 über hundert junge Bartgeier im Frühjahr in (futterbetreuten) Horstnischen ausgesetzt worden, um sich schon beim ersten Ausfliegen an das Leben in freier Natur zu gewöhnen. Über 80 Prozent der Vögel haben überlebt, nur die Vermehrung läuft noch zögerlich an.

Käfers Start zur Weltkarriere

1935 war es so weit. Die ersten Prototypen des Volkswagens Professor Ferdinand Porsches, eines in Böhmen geborenen Altösterreichers, mussten ihre Tauglichkeit unter Beweis stellen. Auf der gerade fertig gestellten Großglockner-Hochalpenstraße. Die 22 PS-Schnauferln schafften die Distanz zwischen Heiligenblut und Zell am See in ›knapp einer Stunde‹. Mit einem Schnitt von 36 Stundenkilometern starteten sie so zur Weltkarriere durch.
Familie Porsche-Piëch blieb ihrem Stammsitz, dem Schüttgut in Zell am See, treu. Zwei Drittel aller Porsche-Aktien sind in österreichischem Besitz, und die 1999 von der 95-jährig verstorbenen Doyenne Louise Piëch gegründete Porsche Austria in Salzburg ist mit 46 Milliarden Umsatz und 6000 Mitarbeitern größter privater Arbeitgeber des Bundeslandes.

Kaprun: Strom für Österreich

200 000 Gäste jährlich im Kaprunertal. Viele kommen wegen des schneesicheren Gletscher-Skigebiets am Kitzsteinhorn. Der Andrang ist ungebrochen, trotz des grausa-

△ 23 Gletscher speisen die Krimmler Ache, die sich südlich von Krimml in drei Stufen 380 Meter in die Tiefe stürzt

Beiprogramm zum Almabtrieb: Traktorenschau in Hollersbach ▽

Ländliche Bilderbuchidylle: Bauernhäuser in Piesendorf ▽

△ Immer ein Fest, nicht nur in Hollersbach: Schuhplattler in original Hirschlederhose ... ... nach dem Almabtrieb ▽

men Unglücks im November 2000, bei dem 155 Schneefans im Tunnel der Gletscherbahn verbrannten. Andere besuchen in dreistündigem Trail via Elektro-Schrägaufzug die ›Erlebniswelt Strom und Eis‹. Mehr als nur eines der gigantischsten Kraftwerke der Welt, sondern auch ein österreichischer Mythos vom Aufbauwillen einer Nation. Denn, ohne den ersten Spatenstich Hermann Görings und das Leid der Zwangsarbeiter zu vergessen, die eigentlichen Pioniertaten vollbrachten die Österreicher nach dem Krieg selbst, bis die zwei Stauseen Mooserboden in 2040 und Wasserfallboden in 1672 Meter Höhe aufgestaut waren. Es war Kapruns Wasserkraft, die es den Österreichern ermöglichte, in den 1970er Jahren per Volksabstimmung Kernkraftwerke zu verbieten.

Kräuter für die Schönheit

Wozu Städtepartnerschaften nicht alles gut sind. Yves Rocher heißt der Bürgermeister von Gacilly in der Bretagne, dem Partnerort der Nationalparkgemeinde Hollersbach. Der Ort hat seine Marktnische gefunden: Als Kräuterdorf, in dem ›Taglöhner‹ über 1,5 Hektar pestizid- und herbizidfrei pflegen. Über 700 Heil- und Schönheitspflanzen wie Arnika, Quendel, Calendula und Malven gedeihen im sogar kirchlich geweihten Kräutergarten und ›Kräuterflecken‹ von Hollersbach, über 1500 Kilo jährlich nimmt Yves Rocher zur Herstellung seiner Pflegeprodukte ab. Der Kräuterduft des Pinzgaus schwebt um die Welt.

Blizzard aus Mittersill

Das Firmenlogo von Blizzard überragt den wirtshausreichen Pinzgauer Verkehrsknotenpunkt Mittersill. Eine Firma, die Skigeschichte schreibt, seit Toni Arnsteiner 1945 die ersten Holz-Brettln erzeugte. Bereits 1962 warf die Firma den ersten Fiberglasski auf den Markt, 1980 folgte der Thermoski. Cracks wie Franz Klammer rauschten auf Blizzard zum Sieg. 1995 wird die Firma mit dem Blizzard-Beach in Florida-Disneyland global und erfindet den Carvingski – ein Ausweg aus der Krise der Skihersteller. 1996 übernimmt der amerikanische Mountainbike-Hersteller Scott das Werk.

108
72
82
90
Mittersill
Bruck
Kaprun
Rauris
Bad Gastein
Matrei
Prägraten
LIENZ
Venediger
Tauern

Wo gibt es was?

Fähnchennummer = Textnummer ℹ = Auskunft

Krimml ①

Bergsteigerdorf (1076 m) mit herrlichem Bergpanorama im Nationalpark Hohe Tauern. Lokalheld ist Bauernführer Anton Wallner (1768–1810), Mitkämpfer A. Hofers.
Krimmler Wasserfälle: Einziges Naturwunder der Alpen mit Europadiplom. In 3 Kaskaden-Stufen fällt die ca. 20 km südl. entspringende Krimmler Ache von 1470 m Höhe ins 380 m tiefere Krimmler Becken (Besichtigung mit Eintritt Mai–Okt.).
Besucherzentrum WasserWunderWelt mit Aquapark (Ostern–Okt. tgl. 10–17, 20. Dez.–Ostern so–mi 15–19 Uhr).
Aktivitäten: Alpinwanderwege bis Südtirol (60 km), u.a. zum Krimmler Tauernhaus, bewirtschaftet mit eigener Käserei und Nächtigungsmöglichkeiten (gut 2 Std.).
Veranstaltung: Almabtrieb (Sept.).
ℹ Fremdenverkehrsverband, A-5743 Krimml, Tel. 06564/7239, Fax 7550, E-Mail: krimml-info@aon.at

Neukirchen/Großvenediger ②

Fremdenverkehrsort (857 m) im Oberpinzgau. Sitz der Salzburger Nationalparkverwaltung, des Zukunftskollegiums Nationalpark Hohe Tauern, des Organs ›Tauriska‹.
Sehenswert: Pfarrkirche St. Johannes (1243) mit hölzerner Madonna (um 1500). Den historischen Kammerlander- u. Samerhofstall nutzt die Nationalparkverwaltung.
Aktivitäten: Reiten, Drachenfliegen, Paragleiten, Wandern, Besteigung (nur für Alpinisten) des Großvenedigers (3674 m); Ski-Arena Wildkogel, Langlauf, Funpark, Eislauf, Rodeln, Pferdeschlittenfahrten.
Veranstaltungen: Freiluftfestspiele (Sommer); Schlittenhunderennen (Jan.).
Umgebung: Schaubergwerk *Hochfeld* im Untersulzbachtal (1-Std.-Wanderung südl., Führungen 2 Std. Mitte Juni–Mitte Sept. mo–fr 10.30–15, sa/so 11–13, Mitte Sept. bis Mitte Okt. mo–do 11.30–13.30 Uhr). *Bramberg* am Wildkogel (6 km östl.), Tor zum Habachtal mit guten Jausenstationen.
ℹ Tourismusbüro, Rathaus, A-5741 Neukirchen am Großvenediger, Tel. 06565/6256, Fax 6550-74, www.neukirchen.at

Mittersill ③

Hauptort (789 m) des Oberpinzgaus und wichtiger Verkehrsknotenpunkt: Hier kreuzt sich die Bundesstraße nach Gerlos/Tirol mit der Pass-Thurn-Straße (Kitzbühel) und der Felbertauerntunnelstraße nach Osttirol. Garnisonsort mit wichtigen Industriebetrieben (Blizzard-Ski; größte Fahnenfabrik Österreichs) und einziger aktiver Bergbauort Salzburgs durch den 1996 wieder aufgenommenen Wolfram-Abbau im Felbertal (weltgrößtes Werk). Im hübschen Zentrum viele preisgekrönte Restaurants.
Sehenswert: Barocke Annakirche (1751) mit Deckenmalerei von C. A. Mayr (1753). Barocke Pfarrkirche (1749), innen Rokoko. Schloss Mittersill (1180, 1938 umgebaut).
Museum: Im Felberturm (1332) Heimatmuseum (Juni–Sept. mo–fr 10–17, sa/so 13–17, Mai u. Okt. fr–so 13–17 Uhr).
Aktivitäten: Schwimmen, Tennis, Sqash, spirituelles Wandern, Golf (18 Loch); Lang- und Skilauf (Skischaukel bis Kitzbühel, 158 km Pisten), Eislauf, Pferdeschlittenfahrten.
Veranstaltung: Musiktage (Mai/Juni).
Umgebung: Nikolauskirche (romanisches Langhaus) in *Felben* (1 km östl.). Kräuterort *Hollersbach* (6 km westl.). Von *Uttendorf* (6 km östl.) ins Stubachtal (18 km) mit Enzinger-Boden-Seilbahn zum Weißsee.
ℹ Fremdenverkehrsverband, Am Marktplatz 4, A-5730 Mittersill, Tel. 06562/4292-0, Fax 5007, www.mittersill.at

Kaprun ④

Unterhaltsamer Ganzjahres-Skiort (786 m), Talstation zum Kitzsteinhorn (3203 m).
Kraftwerk: Österreichs größtes, 1955 eröffnet (Besichtigung mit Bus und Schrägaufzug Mai–Okt. tgl. 8–16 Uhr).
Museen: Heimatmuseum (di, fr 17–18 Uhr); Oldtimermuseum, Schloßstr. 474/621, Autos ›des kleinen Mannes‹ (50er–70er Jahre), Gletscherbahn (so–fr 11–18 Uhr).
Aktivitäten: Erlebnis-Hallenbad, Wandern (Flachmoor Filzmoos); Ski-/Langlauf, Funpark, Höhenloipe, Eislauf, Pferdeschlittenfahrten, viele Après-Ski-Lokale (Europa-Sportregion Kaprun–Zell am See).
Veranstaltung: Raunächte auf der Burg Kaprun.
Umgebung: Schauraum einer skurrilen ›Chinesenstadt‹ (1883) im Gemeindehaus/Raiffeisenbank *Piesendorf* (5 km nördl.).
ℹ Tourismusverband, Salzburger Platz 601, A-5710 Kaprun, Tel. 06547/86430, Fax 8192, www.europa-sport-region.com

Bruck/Großglockner ⑤

Ort (755 m) am Beginn der Großglockner-Hochalpenstraße.
Sehenswert: Traditionsgasthaus ›Lukashansl‹. Neugotische Pfarrkirche Hl. Maria. Schloss Fischhorn, um 1227–1803 Sitz der Bischöfe von Chiemsee (Privatbesitz).
Museum: Heimatmuseum St. Georgen im Feuerwehrhaus (mi 15–18 Uhr).
Aktivitäten: Mountainbikerouten (720 km); Ski-/Langlauf, Eislauf, Rodeln (Europa-Sportregion Kaprun–Zell am See).
Veranstaltung: Glocknerkönig, autofreie Glocknerstraße für Radwettbewerbe (Juni).
ℹ Tourismusverband, A-5671 Bruck a. d. Großglocknerstraße, Tel. 06545/7295, Fax 6505, www.salzburg.com/bruck

Fusch/Großglockner ⑥

Nationalparkort (811 m) vor dem Mauthaus der Großglockner-Hochalpenstraße (Mai bis Okt. 5–22 Uhr, Pass Hochtor 2506 m).
Großglocker-Hochalpenstraße: Nationalparkdokumentation in der Touristinfo. *Wildpark Ferleiten* (5 km südl.) mit Kindererlebnisland (Mai–Nov. 8 Uhr–Dämmerung). Museum *Alpine Naturschau* (19 km südl.), (Mai–Okt. tgl. 9–17 Uhr), Botanischer Lehrweg. Dahinter Abzweig (14 % Steigung) zum Panoramablick (30 Dreitausender) der *Edelweißspitze* (2 km östl.). Die Straße (48 km) endet im Ferienort *Heiligenblut* mit der gotischen Pfarrkirche St. Vinzenz.
Aktivitäten: Rad-/Mountainbiketourismus, Besteigung (nur für geübte Alpinisten mit Bergführer) des Großglockners (3798 m).
ℹ Tourismusverband, A-5672 Fusch a. d. Großglocknerstraße, Tel. 06546/6660, Fax 666-26, www.holiday.at/fusch

Rauris ⑦

Hauptort (950 m) des abgeschiedenen Rauriser Tals (25 km), ehemals eines der wichtigsten Goldabbauzentren Europas.
Sehenswert: Mächtige Gewerkenhäuser (15./16. Jh.) im Zentrum. Pfarrkirche (16./18. Jh.) mit spätgotischen Schnitzfiguren.
Museum: Rauriser Talmuseum im Heimathaus (fr–mi 10–12 u. 16–18 Uhr).
Aktivitäten: Schwimmbad, Tennis, Reiten, Goldwaschen in Hüttwinkler Ache (Bodenhaus), Ski-/Langlauf, Snowboarden; in *Kolm-Saigurn* (20 km südl.) Tauerngold-Rundwanderweg (3 Std.), Wanderung zum ›Rauriser Urwald‹ mit Moortümpeln (1 Std.).
Veranstaltungen: Schnabelperchtenlauf (5. Jan.); Literaturtage (März); Hengstauftrieb (Juni); Schiachperchtenlauf (5. Dez.).
Umgebung: Von *Taxenbach* im Unterpinzgau (5 km nördl.) Zugang zur wildromantischen Kitzlochklamm (Rauriser Ache).
ℹ Fremdenverkehrsverband, Marktstr. 30, A-5661 Rauris, Tel. 06544/6237, Fax 7049, www.rauris.net

Bad Gastein ⑧

Traditionsreicher Kurort (840–1200 m) im 38 km langen Gasteiner Tal.
Sehenswert: Im Zentrum alte Nobelhotels und Badehäuser sowie der Wasserfall der Gasteiner Ache (341 m).
Montanmuseum *Altböckstein* (3 km südl., di–so 10–12 u. 15.30–18 Uhr).
Aktivitäten Bad Gastein u. *Bad Hofgastein* (8 km nördl.): Kuren, Wellness, Thermal-Hallenbäder, Tennis, Reiten, Golf (9 Loch), Eis-, Ski- (200 km Pisten), Langlauf, Höhenloipen, Funpark, Pferdeschlittenfahrten.
Veranstaltungen: Bad Gasteiner Straßenfest (letzter Juli-Sa); Böcksteiner Schwerttanz (1. Sept.-So); Ski-Events (Winter).
Umgebung: *Dorfgastein* (16 km nördl.) mit ländlichem Charme. Erlebnisburg *Klammstein* (22 km nördl.), wenig nördl. *Entrische Kirche*, Großhöhle (Führungen ab 50 Min.).
ℹ Kurverwaltung, Kaiser-Franz-Joseph-Str. 27, A-5640 Bad Gastein, Tel. 06434/2531, Fax 2531-37, www.badgastein.at

Maßstab 1:300.000 — 0 2,5 5 7,5 10 12,5 15km

Fast schon Sommerfrischen-Romantik von einst: Dampferfahrt über den Zeller See.

Von Lofers Steinbergen an den Zeller See

Im Pinzgau zwischen Tirol und Bayern ist der Tourismus gut eingespielt, ohne dass die Einheimischen sich ihre Identität abkaufen ließen. Mit Blick auf Leoganger und Loferer Steinberge, Kitzsteinhorn oder Steinernes Meer, raufen sich die Sennen nach festen Regeln auf dem Hundstein beim Ranggeln, halten portugiesische und deutsche Kicker bei Leogang Trainingslager ab, suchen Abertausende Sommerfrische mit städtischem Flair in Zell am See, mal Hüttenzauber, mal Techno in Saalbach-Hinterglemm.

△ Etwa eine Stunde dauert der Spaziergang von Saalfeldens Zentrum bis zum Schloss Lichtenberg

△ Zur Torsäule (2587 Meter) im Hochkönig ...

△ Bauernhaus in Dienten am Hochkönig

Sonnen und baden mit Blick aufs Steinerne Meer: Ritzensee in Saalfelden ▽

... kommt man von Mühlbach aus. Der Weg führt über das Arthurhaus und – am Fuß der Mandlwände vorbei – die Mitterfeldalm ▽

Ob beim Almabtrieb in Dienten am Hochkönig oder bei der Klettertour im Steinernen Meer: Die Kulisse steingrauer Kalkalpen ist immer dabei. Auch auf der Wallfahrt zu Maria Kirchenthal im blumenbestandenen Hochtal zu Füßen der Loferer Steinberge. Salzburgs romantischste Kirche erstrahlt übrigens seit 2001 in frisch restaurierter Pracht.

Alpenjudokas am Hundstein

Die gestandensten Pinzgauer Mannsbilder trifft man am Jakobi-Sonntag hoch oben auf dem Hundstein. Denn seit 600 Jahren raufen sich dort Ende Juli die Sennen von Maria Alm, Taxenbach, Dienten und Hundsdorf: Das Ranggeln wird von Trachtlern nicht nur im Pinzgau, auch in Tirol, Südtirol, Bayern und der Schweiz betrieben. Wenn sie mit Urschreien und Kunstkniffen einander auszuhebeln versuchen, ist das eines der ursprünglichsten Erlebnisse der Alpen.
Mitmachen beim Kampf um den Titel eines ›Hagmoar‹ darf jeder, der sich traut. Einmal, erinnert sich Altobmann Toni Herzog, hatte ein ausgewanderter Salzburger Priester sogar zwei ›Schwoaze‹ mitgebracht, die in der Missionsstation Ranggeln lehrten. Aber gegen die Alpintrickser waren die Afrikaner chancenlos.

Fußballstars in Leogang

Portugals schwarze Fußballperle Eusebio aus Mozambique, Spaniens Startrainer Jupp Heynckes aus Mönchengladbach oder einfach Kaiser Franz, wo trifft man solche Leute? Zum Beispiel beim ›Kirchenwirt‹ in Leogang, einer aus dem 14. Jahrhundert stammenden alten Stubenwirtschaft mit bester Pinzgauküche. Und angeschlossenem Hotel, das oft von Europas besten Fußballern ausgebucht ist. Gesunde Bergluft, Kurzsprints Richtung Spielberg und Almjogging lautet das Erfolgsrezept von Benfica Lissabon, Hamburger SV und Hannover 96, die hier gerne Trainingslager abhalten.

Schnapserl gefällig?

Auf die Brennrechte der Salzburger Bauern besann sich Erna Tribuser aus Sinning bei Leogang, und fing vor fünf Jahren an, Edel-

△ Hüttenzauber in Hinterglemm: Im ›Goasstall‹ musizieren sogar die Ziegen

Andachtsbilder am Weg von St. Martin bei Lofer zu Maria Kirchenthal ▽

△ Im weitläufigen Leogangtal liegt der Ferienort Leogang zu Füßen der majestätischen Leoganger Steinberge

Hier bin ich Pferd, hier darf ich's sein: Gebirgsweide bei St. Martin bei Lofer ▽

△ Im Banne des Kitzsteinhorns (3202 Meter): Zeller See und Zell am See total

Wallfahrtskirche Maria Kirchenthal ▽

brände zu destillieren. Mittlerweile räumt ihre winzige Hausbrennerei, die fast nur Obst aus dem eigenen Beerengarten verwendet, bei Wettbewerben wie der Destillata, die Goldmedaillen nur so ab. Ob Quitte, Heidelbeere, Marille, Birne – die Klaren schmecken nicht nur zur Speckplatte. Frage: Was bekommt der Pinzgauer, wenn er ein ›fraggei vögei‹ bestellt? Ein großes Glas Ebereschenschnaps vom Vogelbeerbaum.

Region Kaprun–Zell am See

Die Europa-Sportregion Kaprun–Zell am See gehört zu den großen Tourismusmagneten Österreichs. Zell am See unter der Schmittenhöhe bietet mit seiner hundertjährigen Tourismustradition und gepflegten Altstadt jede Menge Einkaufserlebnisse und natürlich Seefeste und Anglerfreuden. Unternehmungslustige zieht es in eine der zwanzig Diskos oder die eine oder andere vergnügliche Après-Ski-Hütte der Region.

Im Winter verkehren Gratis-Skibusse zwischen Kaprun, Zell am See, Bruck, Fusch, Niedernsill, Piesendorf und Maishofen. Langläufer treffen auf 250 Kilometer Loipen, darunter einen Rundkurs um den Zeller See, Höhenloipen auf der Schmittenhöhe und am Kitzsteinhorn, beleuchtete Strecken in Zell am See und Kaprun.

Saalbach: perfektes Nachtleben

Mit über zwei Millionen Übernachtungen schlägt jedoch Saalbach-Hinterglemm alles, selbst Salzburg mit seinen Tagestouristen. Geheimnis des Erfolgs ist neben über 200 Kilometern präparierter Pisten bis nach Leogang das durchorganisierte Nachtleben. Im ›Goasstall‹ am Fuß des Reiterkogellifts von Hinterglemm spielen sogar lebensgroße Geißpuppen in Lederhose und Dirndl zum Tanz auf. Das muss man gesehen haben, zumal die Küche ›sakrisch guat‹ ist. Aber so halten es die Saalbacher In-Hütten, ›Bäckstättstall‹, ›Simalalm‹ oder ›Bauers‹: Tagsüber Kasnocken, die es in sich haben, ab 15 Uhr Sonnenliegestuhl, ab 16 Uhr Jagatee, Bier und Prosecco, um die Füße zu lockern. Après-Ski, der après Sauna weiter geht, mit Skihaserltechno oder Schneeballschlacht nach Mitternacht.

Kitzbühel
St. Johann i. Tirol
Fieberbrunn
Waidring
Lofer
Unken
Saalfelden a. Steinernen Meer
Saalbach
Leogang
Zell am See
Bruck a. d. Großglocknerstr.
Maishofen
Maria Alm a. St. Meer
Mühlbach a. Hochkönig
Dienten a. Hochkönig
Schwarzach
Berchtesgaden
Schönau
Bischofswiesen
Golling
Kuchl
Nationalpark Berchtesgaden
Naturschutzgebiet
Loferer Steinberge
Leoganger Steinberge
Steinernes Meer
Watzmann
Hochkalter
Hochkönig
Hagen-Gebirge
Kitzbüheler Horn
Paß Thurn
Paß Strub
Grießen-Paß
Taxenbach
Uttendorf
Piesendorf
Stuhlfelden
St. Ulrich a. Pillersee
St. Jakob in Haus
St. Martin b. Lofer
Weißbach b. Lofer
Hochfilzen
Viehhofen
Goldegg
St. Veit
Lend
Zwölferkogel
Schattberg
Schmittenhöhe
Birnhorn
Rossfeld-Höhenring-Straße
Deutsche Alpenstraße
Hoher Göll
Königssee
Obersee
Ramsau
42
50
72
82
90
100

Wo gibt es was?

Fähnchennummer = Textnummer ❶ = Auskunft

Lofer ①

Beschaulicher Urlaubsort (640 m) im Saalachtal in malerischer Lage vor den Loferer Steinbergen, südlich des Knie- und Steinpasses, am Tauernradweg.
Sehenswert: Verkehrsberuhigtes historisches Ortszentrum mit alten Gasthöfen und Bürgerhäusern: Rathaus (16. Jh.), Pfarrkirche (14. Jh., barock erweitert).
Einkaufen: Engelbert Aigner, Lofer 45, Maßwerkstätte für Hirschlederhosen.
Aktivitäten: Bogenschießen, Beachvolleyball, Wandergolfplatz, Asphaltstockschießen, Ballonfahrten, Wildwasserkanu auf der Saalach, Wasserfallklettern; Ski-/Langlauf, Eislauf, Alpenbad *Unken* (6 km nördl.).
Veranstaltung: Saalachtaler Bauernherbst (Ende Aug.–Okt.); Winter-Events.
Umgebung: Die Kniepassfestung (14.–17. Jh.) in *Unken* (9 km nördl.) ist zum Heimatmuseum ausgebaut: Militaria, Felsritzzeichnungen (Juni–Sept. di–so 10–16 Uhr). Von dort reizvolle Wanderungen ins ursprüngliche Heutal. Vom bestechend ländlichen *St. Martin bei Lofer* (3 km südl.) mit barockisierter Pfarrkirche Auffahrt (Mautstraße) oder Aufstieg (1 Std.) zur *Wallfahrtskirche Maria Kirchenthal* (1694 bis 1701, Pläne Fischer von Erlach, 2000 umfassend renoviert) in einem Hochtalkessel voll blühender Wiesen. 80 m tiefe *Vorderkaserklamm*, Naturdenkmal (10 km südwestl; tgl. Mai–Okt. 9.30–17, Juli/Aug. bis 18 Uhr). Vom Bergsteigerdorf *Weißbach* (10 km südl.) beste Einstiegsmöglichkeiten in die Leoganger Steinberge, zur erst 1993 entdeckten, 44 km langen Höhle Lamprechtsofen (tgl. 9–18 Uhr) und zur 1 km langen Seisenbergklamm (Mai–Okt. tgl. 8.30–18.30 Uhr).
❶ Tourismusverband Salzburger Saalachtal, A-5090 Lofer 310, Tel. 06588/8321-0, Fax 7464, www.salzburger-saalachtal.com

Leogang ②

Ferienort (797 m) im weitläufigen Leogangtal zu Füßen der majestätischen Leoganger Steinberge. Bis ins 19. Jh. eines der wichtigsten Bergbauzentren der Alpen (Silber, Kobalt). Bis 1970 Magnesitabbau.
Sehenswert: Pfarrkirche (18. Jh. barockisiert) mit gotischem Turm. Beim zünftigfeinen ›Kirchenwirt‹ nebenan jede Menge Sportler-Prominenten-Fotos. *Hütten* (3 km westl.) hat den alten Bergwerkssiedlungs-Charakter bewahrt. In der Knappenkapelle St. Anna (1770) Bergbaualtar, der eine Schmelze u. ein Stollenloch mit Hunt zeigt.
Einkaufen: Kleinbrennerei Erna Tribuser (Edelbrände) in *Sinning* 13 (1 km nördl.).
Museen: Bergbaumuseum Hütten (Mitte Mai–Okt. di–so 11–17 Uhr); Schaubergwerk Leogang mit Montanlehrpfad und Barbarastollen (Führung 1 Std. Mai–ca. 20. Okt. di–so 11–17 Uhr); Alfred-Kubin-Kabinett im Badhaus Leogang; Mineralienmuseum Bründl Franz, Sonnrain 61 (nach Anmeldung, Tel. 06583/8476).
Aktivitäten: Freibadzentrum, beste (Berg-) Wandermöglichkeiten, Aufstieg zu Spielberghorn (2044 m) und Leoganger Steinbergen (Birnhorn 2634 m), Asitz-Bergbahn mit Sinne-Erlebnispark (Duftbaum, Lauschinsel), Paragleiten, Big Foot Kurse; Eisstockschießen, Skilauf (200 km Pisten, Liftzirkus bis Saalbach-Hinterglemm), Langlauf, Funpark.
Veranstaltungen: Konzerte der Leoganger Trachtenmusikkapelle; Winter-Events.
❶ Tourismusverband, Postfach 1, A-5771 Leogang, Tel. 06583/8234, Fax 7302, www.leogang-saalfelden.at

Saalbach-Hinterglemm ③

Saalbach, Lifestyle-Ferienort (1003 m) in touristisch bestens erschlossenem Stichtal. Mit 16 500 Gästebetten u. fast 2 Mio. Nächtigungen (2/3 im Winter) lebt der Ort zu 90 % vom Tourismus. Ein wenig dörflicher geht's in Hinterglemm (1060 m) zu.
Sehenswert: Lokal ›Goasstall‹ in Hinterglemm mit musizierenden Böcken.
Museen/Galerie: Heimathaus Saalbach-Hinterglemm und Skimuseum im Steinachhäusl (1698), Glemmtaler Landesstraße, Dichterlesungen, Bauernstuben, Troadkasten (di, do 15–18 Uhr). Bergkristallmuseum Dankl mit Schmuckverkauf, Saalbach 359 (tgl. 9–20 Uhr). Galerie Saalbach beim Spiegelbaum, Modern Art (Winter tgl. 10–12, 14–18 u. 20–22 Uhr).
Aktivitäten: Tanzen (Diskos, Live-Musik), Wanderwege (400 km), Mountainbikewege (160 km), Drachenfliegen; geführte Schneewanderungen, Skilauf (Liftzirkus bis Leogang), Langlauf, Funpark.
Veranstaltungen: Hüttenzauber; Mega-Silvester-Party; Winter-Events.
❶ Tourismusverband A-5753 Saalbach Hinterglemm 550, Tel. 06541/6800-68, Fax 6800-69, www.saalbach.com

Zell am See ④

Städtischer Hauptort des Pinzgaus (757 m, 1 Mio. Übernachtungen jährlich) am Zeller See (4,55 qkm, Trinkwasserqualität) zu Füßen der Schmittenhöhe (2000 m, Seilbahn). Sportflugplatz.
Sehenswert: Schöne Seepromenaden. Reizvolle Altstadt mit vielen Geschäften, Rathaus Schloss Rosenberg (16. Jh.). Pfarrkirche St. Hippolyt (12./15. Jh., 1975 restauriert).
Museum: Heimatmuseum im 1000-jährigen Kastnerturm, u.a. Krampusgewänder, Trachtenschmuck (Weihnachten–Ostern u. Mai–Okt. mo–fr 14–18, sa 10–13 Uhr).
Aktivitäten: Wassersport, Fischen, Tennis, Golf (36 Loch), Wandern, Mountainbiken, Segelfliegen, Paragleiten; Ski-/Langlauf (Euro-Sportregion Kaprun–Zell am See).
Veranstaltungen: Umfangreiches Programm (Sommer u. Winter); Musical-Kunstwasser auf der Seebühne (Aug.).
Umgebung: Im Villenort *Thumersbach* am anderen Ufer des Zeller Sees machte der Dichter Stefan Zweig regelmäßig Urlaub.
❶ Tourist-Information, Brucker Bundesstr. 1a, A-5700 Zell am See, Tel. 06542/770, Fax 72032, www.zellamsee.com

Saalfelden ⑤

Nach Salzburg und Hallein drittgrößte Stadt (15 000 Einw., 744 m) des Bundeslandes. Bildungszentrum (ca. 3100 Schüler), zukünftige Fernuniversität. Kulturelle Hauptstadt des Pinzgaus. Modernes Einkaufszentrum mit vielen Modeläden, Fachgeschäften, Kaufhäusern. Ein Kuriosum sind die über 120 eingetragenen Vereine.
Sehenswert: Neuromanische Dekanatskirche Hll. Johannes d. Täufer u. Evangelist mit gotischer Krypta. Schloss Lichtenberg (13. Jh., Privatbesitz) auf steilem Hügel (1-Std.-Spaziergang nordöstl.). Die Palfenkapelle (1675) in einer Felshöhle (10 Min. oberhalb des Schlosses) dient im Sommer noch immer als Einsiedelei.
Pinzgauer Heimatmuseum (1200 qm) Schloss Ritzen am Ritzensee mit Krippenschau, Militaria, Mineralien, bäuerlicher Wohnkultur (Juni–Sept. mo–fr 10–12 u. 14–17, sa/so/fei 14–17 Uhr, sonst mi, sa/so u. Adventzeit tgl. 14–16 Uhr).
Aktivitäten: Schwimmen (Obstmarktbad, Ritzensee), Kutschfahrten, Gokart, Bergwandern, Sommerrodelbahn Biberg (längste in Europa); 2 Golfplätze (18 Loch), Hochseilklettergarten, Rafting, Canyoning; Ski-/Langlauf, Eislauf, Rodeln.
Veranstaltungen: Bauernmarkt (Sommer fr/sa 8–12 Uhr); Sonnenwendfeier (Juni), Straßenfest (Sommer), Mittergassenfest mit Live-Musik (Sommer fr ab 19 Uhr), Pinzgauer Messe (Mitte Aug.), Int. Jazzfestival (Ende Aug.), Bauernherbst; Nordische Veranstaltungen (Winter).
❶ Saalfelden Leogang Touristik GmbH, Bahnhofstr. 10, A-5760 Saalfelden, Tel. 06582/70660, Fax 75398, www.leogang-saalfelden.at

Dienten am Hochkönig ⑥

Idyllischer, dörflicher Wander- und Wintersportort (1071 m).
Sehenswert: Spätgotische Nikolauskirche.
Aktivitäten: Tennis, Squash, Wandern, z.B. Hochkönig/Matrashaus (2943 m), Wanderbus; Rodeln, Ski-/Langlauf, Halfpipe.
Veranstaltungen: Hundsstoaranggeln, urwüchsiger Kampfsport der Alpen (letzter Juli-So) auf dem Hundsstein (ca. 2000 m).
Umgebung: Ferienort *Maria Alm* (15 km westl.) mit barockisierter Wallfahrtskirche.
❶ Tourismusverband, A-5652 Dienten am Hochkönig 8, Tel. 06461/263, Fax 521, www.dienten.co.at

Maßstab 1:200.000 — 0 2 4 6 8 10km

Touristik-Informationen

Adressen

Deutschland: Österreich Information, Postfach 701580, 81315 München, Tel. 089/66670-100, Fax 089/66670-200, www. austria-tourism.at
Österreich: Salzburger Land Tourismus GmbH, Postfach 1, A-5300 Hallwang, Tel. 0043/662/6688, Fax 668866, www. salzburgerland.com. Stadt Salzburg Information, Auerspergstr. 7, A-5020 Salzburg, Tel. 0043/662/88987-0, Fax 88987-435, www.salzburginfo.at. Tourist Informationen in A-5020 Salzburg: Zentrum, Mozartplatz 5, Tel. 88987-330 (auch Bundesland Salzburg); Hauptbahnhof, Bahnsteig 2a, Tel. 88987340; Nord, Autobahnstation Kasern, Tel. 88987-370; Flughafen, Ankunftshalle, Tel. 851211, 852091. Tourist Information Walserberg, Shell Tankstelle Süd, A-5071 Wals, Tel. 850353.
Schweiz: Österreich Information, Postfach, CH-8036 Zürich, Tel. 1/4511551, Fax 1/4511180, www.austria-tourism.at

Anreise

Auto: Autobahn A1 Salzburg–Wien.
Bahn: Nach Salzburg ca. stdl. von Wien (Westbahnhof) und München, ca. 2-stdl. von Westösterreich u. Schweiz. Auskunft Tel. 1717.
Flugzeug: Tgl. von Frankfurt, Zürich, Wien zum Flughafen Salzburg-Maxglan. Von dort Linie 77 zum Bahnhof (ca. 20 Min.). Auskunft Tel. 0662/8580-0.

Autofahren

Generell gilt auf Landstraßen Tempo 100 km/h, auf Autobahnen 130 km/h, in Ortschaften 50 km/h, in von Kindern frequentierten Straßen oft 30 km/h; Anschnallpflicht; Promillegrenze 0,8.
Autobahn-Vignetten erhältlich an Grenzstationen, Tankstellen, bei Postämtern und Automobilklubs (ADAC, ÖAMTC, ARBÖ); für Pkw (2001) fürs Jahr 1000 öS/73 €, für 2 Monate 300 öS/22 €, für 10 Tage 105 öS/8 €. Viele Pass- und Bergstraßen sind mautpflichtig, z.B. Großglockner, Felbertauern- und Tauerntunnel, Auffahrt zu Maria Kirchenthal bei Lofer.
In der Stadt Salzburg vorzügliches Parkleitsystem; Ticket bei Einkauf/Konsum lochen lassen: deutliche Ermäßigung der hohen Gebühren.

Camping

Detaillierte Broschüren über Campingplätze im Salzburger Land und Salzkammergut bei Salzburger Land Tourismus GmbH (siehe Adressen). Besonders reizvoll sind Nationalparkcamping Andrelwirt in Wörth bei Rauris (Klettern). Hallstatt, St. Wolfgang-Appesbach (Surf-/Segelschule), Austria Camp am Mondsee (Tennis, Tauchen), Aigner Schlosscamping (25000 qm) bei Salzburg. Manchmal kann man auch beim Bauern campen (Infos bei den lokalen Fremdenverkehrsbüros).

Eine Pongauer Spezialität: Schlutzkrapfen – gefüllte Teigtaschen – festlich serviert im Gasthof ›Andrelwirt‹ von Wörth im Rauristal.

Essen und Trinken

Die Kühe heißen Friedolin und Pauline und der Pinzgauer Bauernhof ist seit 1689 in Familienbesitz. Wer das Glück hat, bei Frau Berta im Taxhof oberhalb von Bruck an der Großglocknerstraße unvergleichliche Bauern-Schmankerln wie Krensuppe mit Blunzeneinlage (Meerrettichsuppe mit Blutwurst), süßsaures Mostbratl mit lockeren Semmelknödeln und anschließend einen Hauch von Moosbeerennocken (eine Art Heidelbeersoufflee) zu verspeisen, wird auf Salzburger Küche schwören. Echte Alpinkost ist oft schmackhafte Arme-Leute-Küche, z.B. Pressknödelsuppe (Käsknödel), Lungauer Hasenöhrl (Salzkrapfen), Erdäpfelradikas (Kartoffel-Rettich-Brei), Pongauer Fleischkrapfen, Kasnocken, Hoargneist (mehlbestäubtes Sauerkraut), oder Tennengauer Festtagskrapfen.

Aber auch die gesamtösterreichischen bzw. wienerischen Köstlichkeiten wie Schnitzel, Tafelspitz und Fiakergulasch schmecken hier besonders gut: Denn wie der Sennenkäse, so ist auch das Fleisch von Tieren, die auf Almweiden gegrast haben, unvergleichlich aromatisch. Wer einmal ein Bauernbratl im Reindl (Topf) vom Tauernlamm probiert hat, kann das nur bestätigen. Und noch eine Delikatesse: Frisch gepflückte Herrenpilze und Eierschwammerl (Steinpilze und Pffifferlinge).
Eine spezifische Salzburger Stadtküche gibt es bis auf die berühmten und köstlich leichten Eischaum-Nockerln und die ›Original Salzburger Bosna-Würstel‹ nicht. Die einen wurden vor etwa 100 Jahren aus Frankreich importiert, die anderen 1950 im Balkangrill ›Bei Walter‹ erfunden. 100 Prozent einheimisch hingegen ist das weihnachtliche Trockenobst-Kletzenbrot, das mit frischer Almbutter bestrichen wird.
Und was trinkt man? Gesunde Erfrischung ist das Gasteiner Tiefengesteinsmineralwasser. Milch und Buttermilch kommen oft frisch von den Almen – oder lieber ein Almdudler in der Traditionsflasche? Zahlreich sind die erstklassigen Brauereien etwa in Salzburg (›Stiegl‹, ›Müllner Bräu‹, ‹Weissbierbrauerei›), Kaltenhausen bei Hallein, Obertrum. Daneben gibt's überall österreichischen Wein wie Grüner Veltliner oder Zweigelt, im Salzkammergut selbstgemachten Obstmost und Holunderlimonade. Berühmt sind Salzburgs guten Edelbrände (Vogelbeer, Zwetschge, Birne).

Feiertage

1. Jan., 6. Jan., 1. Mai, 15. Aug., 26. Okt., 1. Nov., 8., 25./26. Dez. Hinzu kommen bewegliche Feiertage: Ostermontag, Christi Himmelfahrt, Pfingstmontag, Fronleichnam.

Frauen

Best for Ladies, Wilhelm-Kress-Str. 19, A-5020 Salzburg, Tel. 0664/4387092, Fax 4387094, www. best-for-ladies.at, liest Frauen beinahe alle (Sonder-)Wünsche von den Augen ab, organisiert Führungen und Verführungen, Kulturprogramme, Einkaufstouren, Unterkunft und Kinderbetreuung. Ob privat oder geschäftlich, allein oder in der Gruppe, für die Ladies wird alles nur Mögliche getan.

Reisedaten Salzburger Land

Flug von Deutschland	Inlandsverkehr	Reisepapiere	Devisen	Mietwagen	Benzin	Hotel	Bauernhof/ Gasthof	Menü	Einfaches Essen	Ortszeit	Tipp
Frankfurt/M.–Salzburg und zurück ab 185 € (ohne Steuern)	Bahnfahrt Salzburg–Bad Gastein 11 €	Personalausweis oder Reisepass	1 € = 13,76 österr. Schillinge (öS/ATS)	ab 75 € pro Tag (unbegrenzte Kilometer, Versicherung)	1 Liter Super: 1,20 €	DZ/Frühstück: Luxuskat. ab 92 €, Mittelklasse ab 42 €	DZ 28–50 € pro Tag	3 Gänge à la carte um 17 €	Pfandlgericht ab 4,5 €	MEZ	Österreich u. zurück per DB 1. Pers. ab 134 €, 2.–5. Pers. ab 67 €

Touristik-Informationen

Gästekarten

In fast allen Orten erhalten Besucher ab drei Tagen Aufenthaltsdauer Gästekarten. **Salzkammergut-Card**, 65 öS/5 €: 25 % Ermäßigung in 100 Freizeitbetrieben, u.a. Bergbahnen, Schifffahrt, Salzbergwerke, Museen. **Salzburg-Card**, 24 Std. 200 öS/ 14,5 €, 48 Std. 290 öS/21 €, 72 Std. 380 öS/28 €: Eintritt für alle Sehenswürdigkeiten, Fahrkarte für öffentliche Verkehrsmittel, zahlreiche Ermäßigungen. **Salzburger Sommerjoker**, inkl. Salzburg-Card, 16 Tage 550 öS/40 €: freier Eintritt zu 180 Ausflugszielen, Naturdenkmälern, Bergbahnen etc. **Salzburger Superskicard**, 10 Tage ab 3220 öS/234 €, 14 Tage ab 4290 öS/312 €: Skipass für das gesamte Salzburger Land inklusive allrounder winter world in Neuss.

Gesundheit

Österreichs Gesundheitswesen ist gut organisiert, in allen größeren Orten sind Arztpraxen, das Krankenhausnetz ist sehr dicht. Urlaubskrankenscheine sind für die Betreuung erforderlich. Notdienste: Unfallrettung 144, Polizei 133, Feuerwehr 122. Bergrettungsdienst 140, Euro-Notruf 112, Int. Flugrettungsdienst Austria 02732/ 70007, Höhlenrettung 02622/144, Rotes Kreuz 0732/144, Telefonseelsorge 142.

Hütten

Verzeichnisse von bewirtschafteten und unbewirtschafteten Almhütten geben heraus die regionalen Fremdenverkehrsämter, der Deutsche Alpenverein DAV, Sektion München, Tal 42, 80331 München, Tel. 089/5517000, Fax 55170099, www.dav-muenchen.de, der Österreichische Alpenverein, ÖAV, Nonntaler Hauptstr. 86, A-5020 Salzburg, Tel. 0662/822692, Fax 827570, www.alpenverein.at. Vorbildlich ist der Pongau-Führer ›Almen und Hütten – Ins Land einischauen‹.

Jugendherbergen

Salzburg Stadt, Salzburger Land und Salzkammergut haben 24 Jugendherbergen und Gästehäuser (Jugendherbergsausweis nötig). Infos erteilt: ÖJHW, Kaigasse 26, A-5020 Salzburg, Tel. 0662/841165, Fax 840164.

Öffnungszeiten

Von der Regel, dass Läden mo–fr 9–18, sa 9–12 Uhr geöffnet sind, gibt es viele Ausnahmen. Die meisten Supermärkte haben mo–fr bis 18.30, sa bis 17 Uhr offen. In kleinen Orten haben Privatläden meist 12–14 (15) Uhr Mittagspause und in der Woche einen halben Tag geschlossen. Postämter: mo–fr 8–12 u. 14–18, Salzburger Hauptpostamt, Südtiroler Platz (Hauptbahnhof) tgl. 6–22 Uhr. Banken: mo–fr 8–12 u. 14–16.30, do bis 17.30 Uhr.

Restaurants

Kleine geograpisch geordnete Auswahl:

Flachgau:

Caspar-Moser-Bräu, Hauptstr. 63, A-5302 **Henndorf am Wallersee**, Tel. 06214/ 8228. Solide Wirtschaft. Budget.

Fritzenwallner, Dorfplatz 6, A-5203 **Köstendorf**, Tel. 0621/5302. Gourmet-Treff für Weinliebhaber. Gehoben.

Schloßwirt Sighartstein, Sighartstein 25, A-5202 **Neumarkt am Wallersee**, Tel. 06216/6715. Schöner Landgasthof, Hausmachernudeln und Vollwertkost. Gehoben.

Fischerstüberl, mit Seepension, Weyer 3, A-5163 **Mattsee**, Tel. 06217/5417. Serbischer Zander (Eigenfang) und Palatschinken direkt am Ufer. Bürgerlich.

Braugasthof Sigl, A-5162 **Obertrum**, Tel. 06219/7700. Trumer Pils und Rehbeuscherl. Schöner Gastgarten. Bürgerlich.

Lungau:

Gasthof Gambswirt, Marktplatz 7, A-5580 **Tamsweg**, Tel. 06474/2337. Einheimische essen hier Hasenöhrl mit Kraut. Budget.

Pinzgau:

Schoberbauer, Sonnberg 7, 5652 **Dienten am Hochkönig**, Tel. 06461/407. Jausenstation (auch abends) der Luxusklasse in wunderschöner alter Stube. Bürgerlich.

Goasstall, Reiterkogellift, A-5753 **Hinterglemm**, Tel. 06541/8705. Trotz Hüttenrambazamba, erstklassige Hausmannskost. Bürgerlich.

Jagawirt, A-5710 **Kaprun**, Tel. 06547/ 8737. Wildbretsulz und Gamsbraten in uriger Stube. Gehoben.

Hölzlahneralm, A-5743 **Krimml**, Tel. 0664/ 4026878. Knorrige Jausenstation mit guter Pressknödelsuppe im Krimmler Achental (2 Std. Fußweg vom Wasserfall). Budget.

Hüttwirt, Hütten 9, A-5771 **Leogang**, Tel. 06583/227 oder 7358. Bauernschöpsernes oder Lammbeuschl unter der alten Kaiserlinde im Bergwerksdorf. Bürgerlich.

Kirchenwirt, A-5771 **Leogang** 3, Tel. 06583/82. Dorfwirtshaus (1326): Almrindfilet, Wildbachforelle, Butterpfannenschnitzel und Birnen-Holundersaft. Gehoben.

Gasthof Oberbräu, Kirchgasse, A-5730 **Mittersill**, Tel. 06562/6255. Metzgergasthof. Die Kalbshaxen in der Zirbenholzstube sind berühmt. Bürgerlich.

Pongau:

Landgasthof Bertahof, Vorderschneeberg 15, A-5630 **Bad Hofgastein**, Tel. 06432/ 7608. Forellen und Krebse aus eigener Zucht. Gehoben.

Hubertus, Am Dorfplatz 1, A-5532 **Filzmoos**, Tel. 06453/8204. Drei Gault-Millau-Hauben für die Fischküche. Gehoben.

Restaurant O'dati, A-5542 **Flachau** 217, Tel. 06457/2835. Tauernlammhaxl mit Korianderkartoffeln, gute Weine, gute Stimmung in der Zaichschlitt'n Bar. Bürgerlich.

Dorfkrug Aichhorn, A-5602 **Kleinarl** 216, Tel. 06418/374. Haubenküche. Gehoben.

Obauer, Markstr. 46, A-5450 **Werfen**, Tel. 06468/2120. Trendige Haubenküche mit Bodenhaftung. Luxus.

Salzburg

Die Weiße, Weißbier-Brauerei, Virgilgasse 2/ Rupertgasse 10, Tel. 0662/872246-0. Historische Kleinbrauerei mit idyllischem Salettlgarten. Weißwurstfrühstück. Budget.

Krimpelstätter–Zum Weißen Schwan, Müllner Hauptstr. 31, Tel. 0662/432274. Hausmannskost und süffiges Bier. Bürgerlich.

Luritzhofers Café Cult, Hellbrunner Str. 3, A-5020 Salzburg, Tel. 0662/845601. Tomatenrote Sessel und mediterrane Köstlichkeiten im Künstlerhaus. Bürgerlich.

Soho, Steingasse 61, Tel. 0662/878060. Branzino, Beiried und schrilles Rotlicht. Junger Fresstempel. Luxus.

Wilder Mann, Getreidegasse 20, Tel. 0662/841787. Ein Wirtshaus wie es sein soll – und immer voll. Bürgerlich.

Salzburg-Umgebung:

Friesacher, A-5081 **Anif**, Tel. 06246/72411. Megaheuriger in Scheunen. Bürgerlich.

Gasthof Maria Plain, Plainbergweg 41, A-5101 **Maria Plain/Bergheim**, Tel. 0662/450701-0. Traumterrasse und sorgfältige Familienküche. Gehoben.

Salzkammergut:

Konditorei Zauner, Esplanade, A-4820 **Bad Ischl**, Tel. 06132/23310. Austro-Klassiker, Zauner Torte, Melange. Bürgerlich.

Agathawirt, St. Agatha 10, A-4822 **Bad Goisern**, Tel. 06135/8341. Volksmusik und Bauernküche. Bürgerlich.

Jagdhof am Fuschlsee, A-5322 **Hof bei Salzburg**, Tel. 06229/23720. Sehr stilvoll. Rehwürstel und Rieslingsauce. Luxus.

Holzingergut, Oberburgau 12, A-5310 **Mondsee**, Tel. 06232/3841. Mostbauer. Holzofenbrot und Hausspeck. Budget.

Tennengau:

Goldener Stern, Am Marktplatz 56, A-5440 **Golling**, Tel. 06244/422. Legendärer Weißwursttreff mit Spitzenküche. Gehoben.

Preise:

Luxus: Hauptspeisen über 14 €
Gehoben: Hauptspeisen 10–14 €
Bürgerlich: Hauptspeisen 7–14 €
Budget: Hauptspeisen 4,5–7 €

Souvenirs

Landestypische Mitbringsel der edleren Art sind Trachten, Lodenmäntel, ›Goiserer‹-Haferlschuhe und Traditionshüte (z.B. Zapf in Werfen). Auch Sportausrüstung made in Austria wie Atomic-Stöcke oder Blizzard-Carver genießen weltweites Ansehen. Daneben gibt es Keramik (Gmunden), traditionelle Webteppiche und Decken (Lungau), Schnitzhandwerk, CDs mit alpenländischer Musik. Beste (und teuerste) Mozartkugeln verkauft die Konditorei ›Fürst‹ in Salzburg (Alter Markt, Ritzerbogen, Mirabellplatz).

Touristik-Informationen

Sport

Ballonfliegen: Filzmoos u. Straßwalchen.
Bergwandern: Bestens markierte Wanderwege und Klettersteige (Naturpark Hohe Tauern, Tennengebirge, Hochkönig). Neu ist der Arnoweg. Historische Treckingtouren auch mit Bergführern.
Drachenfliegen u. Paragleiten: Vom Untersberg bis zu den Loferer Steinbergen
Golf: In Anif, Goldegg, Kaprun, Klessheim, Mittersill, Saalbach, Saalfelden, Zell a. See.
Hundeschlittenfahren: Sportwelt Amadé.
Radfahren: Mountainbiken (Radverleih, geführte Touren). Klassiker sind: Salzkammergut-Radweg u. Tauernradwanderweg vom Flachgau bis zur Salzachquelle bei Krimml.
Rafting, Wildwasserpaddeln: Lammeröfen bei Abtenau, Salzach.
Reiten: Zahlreiche Reiterhöfe (Urlaub auf dem Bauernhof).
Segelfliegen: Kurse in Zell am See.
Wintersport: Außer im Flachgau und Salzkammergut überall modernster Skizirkus: Sportwelt Amadé mit Zentrum Flachau, Saalbach-Hinterglemm mit Leogang, Europa-Sportregion Kaprun–Zell am See (Gletscher). Genaue Infos: Salzburger Skiatlas, Hrsg. H. Maier, Salzburger Land Tourismus GmbH (siehe Adressen).

Telefon

Vorwahl nach Österreich: 0043 + Ortsnetzzahl ohne Null. Vorwahl von Österreich nach Deutschland: 0049. Auslandsgespräche von allen Münz- u. Kartentelefonen. Telefonkarten bei Post oder Trafiken (Tabakläden). Für kurze Ortsgespräche reichen 1-, 2-Schillingmünzen, für Ferngespräche einige 10-Schillingmünzen bereithalten.

Unterkunft

Kleine geographisch geordnete Auswahl:
Flachgau:
Huppingerbauer, Berg 12, A-5102 **Anthering**, Tel. 06223/2683 oder 2872. 5 Zimmer, DZ 31–40 €. Alter kinderfreundlicher Bauernhof.
Lungau:
Pension Bischof, Gerichtsplatz 191, A-5582 **St. Michael**, Tel. 06477/8345. 6 Zimmer/Appartements, DZ 28–42 €. Kinderfreundlich, ruhig, zentral. Handarbeitsnachmittage und Wandertipps vom Lungaufex.
Zauneralm, Dorf 17, A-5584 **Zederhaus**, Tel. 06478/279 oder 378. Heulager ab 3,5 €. Alles hausgemacht in der Bio-Alm, auch die Hautcremes.
Pinzgau:
Grüner Baum, A-5640 **Bad Gastein**, Tel. 06434/2516-0. 80 Zimmer, DZ (HP) 160 bis 268 €. Idyllisches ökologisches Hoteldorf in einem Seitental: Relais & Châteaux. Altösterreichische Hausmannskost.
Bräurup, Kirchgasse 9, A-5730 **Mittersill**, Tel. 06562/6216. 20 Zimmer, DZ 107 bis

Wer zünftig durchs Gebirge wandern will, kauft sich eine Lederhose, etwa im Trachtengeschäft am Residenzplatz in Salzburg.

185 €. Bei Fischern, Golfern, Bogenschützen beliebtes Wirtshaushotel.
Krimmler Tauernhaus, A-5743 **Krimml**, Tel. 06564/8327. 10 Zimmer, Lager, DZ 42 €. Alter Alpengasthof (1631 m), einfache Zimmer, mit Taxidienst zu erreichen.
Taxhof, Hundsdorf 15, A-5671 **Bruck a. d. Großglocknerstraße**, Tel. 06545/6261. 8 Zimmer, DZ 57 €. Bergbauernerbhof (seit 1687), feinste Pinzgauer Bauernkost.
Strandhotel Bellevue, Seeuferstr. 41, A-5700 **Zell am See/Thumersbach**, Tel. 06542/731040. 30 Zimmer, DZ 54–77 €. Familienfreundliches modernisiertes Traditionshaus über dem See.
Gasthof zur Post, A-5561 **Untertauern** 22, Tel. 06455/238. 46 Zimmer, DZ 60 €. Kinderfreundliches Fitnesshotel mit weithin berühmter Küche.
Pongau:
Reslwirt, Dorfstr. 10, A-5542 **Flachau**, Tel. 06457/2216.25 Zimmer, DZ/HP 91 bis 121 €. Gasthofhotel mit Bauernstube.
A-5020 Salzburg:
Goldener Hirsch, Getreidegasse 37, Tel. 0662/848511. 69 Zimmer, DZ 257–535 €. Luxuriöser Festspielcharme im Wirtshausstil. Treff der Prominenz.
Hotel Stadtkrug, Linzer Gasse 20, Tel. 0662/873545. 34 Zimmer, DZ 114–257 €. Frisch renoviertes Traditionshaus mit berühmter Dachterrasse.
Gästehaus Eva-Maria, Sinnhubstr. 25, Tel. 0662/829254-0. 7 Zimmer, DZ 71–96 €. Stadtnahe Pension im Grünen.
Hinterbrühl, Schanzlgasse 12, Tel. 0662/846798. 12 Zimmer, DZ 44 €. Salzburgs zentralster Einstern, akzeptable Zimmer, teilweise mit Gangdusche.
Salzburg-Umgebung:
Schloßwirt, A-5081 **Anif**, Tel. 06246/72175. 31 Zimmer, DZ 121–235 €. Edelhotel mit bodenständigem Edelrestaurant.
Schützenwirt, A-5412 **St. Jakob am Thurn**, Tel. 0662/623100. 5 Zimmer, DZ 42 €. Landgasthof mit Komfortzimmern.
Salzkammergut:
Villa Schratt, Steinbruch 43, A-4820 **Bad Ischl**, Tel. 06132/23535. 2 DZ 42 €/Pers., 2 Suiten 57 €/Pers. Schlafen wie die Kaisergeliebte. Gourmetrestaurant.
Schlosshotel Landhaus zu Appesbach, Aupromenade 18, A-5360 **St. Wolfgang am See**, Tel. 06138/2209. 26 Zimmer, DZ/HP 170–278 €. Viersterneluxus mit Hotelpark und Stilzimmern direkt am See.
Grablerhof, A-4853 **Steinbach am Attersee**, Tel. 07663/623. 12 Zimmer, DZ ab 24 €. Bauernhofzimmer mit Seeblick.
Tennengau:
Hauslwirt, Marktplatz 13, A-5440 **Golling**, Tel. 06244/4229. 35 Zimmer, DZ 57 €. Traditionsgasthof mit guter Küche.
Gasthof Kerschbaumer, Gappen 43, A-5523 **Lungötz**, Tel. 06463/7034. 25 Zimmer, DZ 50–67 €. Schlafen im Tennengauer Stil.

Veranstaltungen

Außergewöhnliche, interessante Termine:
Dez./Jan.: Raunächte, Krampus- und Perchtenläufe (Advent–Dreikönigstag).
Febr.: Faschingsumzüge in Saalfelden, Ausseer Land, Salzkammergut (z.B. Ebensee).
März: Palmesel in Bad Ischl und Puch bei Hallein (Ostern).
Juni: Hengstauftrieb in Rauris; Prangstangentragen in Muhr und Zederhaus; Samsonumzüge im Lungau; Seeprozessionen im Salzkammergut; Barockfestspiele in Salzburg (Pfingsten).
Juli/Aug.: Salzburger Festspiele (Oper und Konzerte); Salzburger SommerSzene; Hundsstoaranggeln (Ende Juli), Maria Alm.
Sept./Okt.: Almabtrieb in Krimml und Hollersbach; Bauernherbst (über 80 Orte machen Lust aufs Land).

Wetterdaten

Salzburg	Tages-temp. max.	Nacht-temp. min.	Tage mit Nieder-schlag	Sonnen-stunden pro Tag
Januar	2°	–6°	11	2
Februar	4°	–5°	10	3
März	10°	–1°	10	4
April	14°	4°	12	5
Mai	19°	8°	12	6
Juni	22°	11°	15	6
Juli	24°	13°	14	7
August	23°	13°	14	7
September	20°	10°	10	5
Oktober	14°	4°	9	4
November	8°	0°	10	3
Dezember	3°	–4°	12	2

Durchschnittswerte Quelle: Deutscher Wetterdienst, Hamburg

Register

(**Fettgedruckte** Ziffern verweisen auf Autoatlas und Stadtplan, unterstrichene Ziffern auf Abbildungen)

Zeichenerklärung Karten

Autoatlas

Autobahn mit Anschlussstelle -, Bedarfsumleitung	Salzburg Süd 8 65
Autobahn in Bau mit Fertigstellungsdatum	2001
Autobahnähnliche Schnellstraße	
Fernverkehrsstraße - Wichtige Hauptsraße	
Hauptsraße - Nebenstraße Fahrweg - Fußweg	
Straßentunnel - Brücke	
Straßen in Planung	
Entfernungen an Autobahnen in km Entfernungen an Straßen in km	7 5
Touristenstraße	Österr. Romantikstr.
Landschaftlich schöne Strecke	
Straße für Kfz gesperrt - mit Gebühr	
Europa-, Autobahn-, Straßennummern	E55 A10 51 15
Fernwanderweg - Wanderweg	E2
Zahnradbahn - Standseilbahn	
Kabinenseilbahn - Sessellift	
Steigungen - Pass und Höhe	10-15% 15-20% > 20%
Straße mit Wintersperre	XII-III
Straße für Wohnanhänger gesperrt	
Eisenbahn mehrgleisig, eingleisig	
Bahnhof - Brücke - Tunnel	
Museumseisenbahn	
Flugplatz	
Automobilclub-Geschäftsstellen	ÖAMTC ARBÖ
Malerisches Ortsbild	Ramsau
Eine Reise Wert	★★SALZBURG
Lohnt einen Umweg	★ HALLEIN
Sehenswert	Maria Plain
Lohnt einen Umweg	★ Untersberg
Sehenswert	Fuschlsee
Wo-gibt-es-was? - Hinweis	
Schöne Aussicht	
Campingplatz - Jugendherberge - Golfpl.	
Heilbad - Schwimm-,Strand-,Erlebnisbad	
Kirche - Kapelle - Sprungschanze	
Kloster - Klosterruine	
Schloss, Burg - Schloss-, Burgruine	
Wassermühle - Denkmal	
Funk-, Fernsehturm - Turm	
Schleuse - Kraftwerk - Wasserfall	
Bergwerk - Höhle - Einz.steh. Hotel	
Naturpark - Naturschutzgebiet	
Staatsgrenze - Landesgrenze	
Regierungsbezirksgrenze - Kreisgrenze	

Stadtplan

Hauptstraße	
Übrige Straßen	
Einbahnstraße	
Fußgängerzone	
Grenze der Katastralgemeinden	
Autobuslinie	
Radweg - Krankenhaus	
Tourist Information - Aussichtspunkt	i
Bebaute Flächen - Öffentliche Gebäude	
Wo-gibt-es-was? - Hinweis	5

Impressum

1. Auflage 2001

Verlag: HB Verlag, Marco-Polo-Zentrum, 73760 Ostfildern, Postfach 3151, 73751 Ostfildern, Telefon 0711/4502-0, Telefax 0711/4502-135. Internet: www.hb-verlag.de

Geschäftsführer: Dr. Thomas Brinkmann, Dr. Stephanie Mair-Huydts

Redaktion und Produktion: Harksheider Verlagsgesellschaft mbH, Fabersweg 1, 22848 Norderstedt, Telefon 040/528862-0, Telefax 040/5234056, E-Mail HVGmbh@aol.com

Redaktion: Ulrike Klugmann (verantwortlich), Horst Keppler, Helga Schnehagen, Christoph Schumann **Redakteurin dieser Ausgabe:** Helga Schnehagen **Text und Bildrecherche:** Peter Peter, München

Exklusiv-Fotografie: Paul Trummer, Mauren/Liechtenstein **Zusätzliches Fotomaterial:** Clemens Scharre, Wien/Österreich (S. 57 unten)

Layout: Rolf Bünermann, Gütersloh **Kartografie:** © Mairs Geographischer Verlag, Ostfildern

HB-Bildatlas Fotoservice: Harksheider Verlagsgesellschaft mbH, Fabersweg 1, 22848 Norderstedt, Telefon 040/528862-22, Telefax 040/5234056

Erscheinungsweise: monatlich

Anzeigenalleinverkauf: KV Kommunalverlag GmbH, Postfach 810565, 81905 München, Telefon 089/928096-24, Telefax 089/928096-20

Vertrieb Zeitschriftenhandel: Partner Pressevertrieb GmbH, Postfach 810420, 70521 Stuttgart, Telefon 0711/7252-227, Telefax 0711/7252-310

Vertrieb Abonnement: Zenit Pressevertrieb GmbH, Postfach 810640, 70523 Stuttgart, Telefon 0711/7252-198, Telefax 0711/7252-333

Vertrieb Buchhandel und Einzelhefte: Mairs Geographischer Verlag, Marco-Polo-Zentrum, 73760 Ostfildern, Telefon 0711/4502-0, Telefax 0711/4502-340

Reproduktionen: Otterbach Digital World KG GmbH & Co., Rastatt **Druck und buchbinderische Verarbeitung:** Echter Würzburg. Printed in Germany

ISBN 3-616-06121-0

Korsika

Ile de la beauté, Insel der Schönheit, wird Korsika gern genannt. Und so kommen jedes Jahr Millionen, bevölkern die schönen Küstenorte, schwimmen, segeln, tauchen an Traumstränden mit kristallklarem Wasser. Wandern ein paar Wochen durch eine wilde und ungezähmte Natur, klettern auf Berge, die mehr als 2000 Meter hoch sind, folgen von Schmelzwasser geprägten Flussläufen und überqueren mittelalterliche Brücken. Besuchen die kleinen Museen. Ihren Spuren folgt diese neue ›Korsika‹-Ausgabe.

Foto: Blick auf die Festung von Bonifacio.

Lieferbare Ausgaben

DEUTSCHLAND

93 Allgäu
198 Altmühltal
108 Bayerisch Schwaben
204 Bayerischer Wald
107 Berlin
185 Bodensee
111 Brandenburg
178 Chiemgau · Berchtesgadener Land
145 Dresden · Sächsische Schweiz
116 Düsseldorf
121 Eifel · Aachen
133 Elbe und Weser · Nordseeküste
171 Erzgebirge · Vogtland · Chemnitz
190 Fichtelgebirge · Frankenwald · Coburger Land
125 Fränkische Schweiz
131 Hamburg
131 Hamburg, English Edition
73 Hannover · Braunschweiger Land
129 Harz
188 Hessisches Bergland
90 Hunsrück · Naheland · Rheinhessen
103 Köln
209 Lüneburger Heide
137 Mainfranken · Steigerwald · Haßberge
99 Mecklenburg-Vorpommern
151 Mittelfranken
135 Mosel
165 München
119 Münsterland · Münster
153 Nördlicher Schwarzwald
159 Nordseeküste Schleswig-Holstein
196 Oberbayern zwischen Lech und Inn
95 Oberpfalz · Regensburg
143 Odenwald · Kraichgau · Bergstraße
219 Osnabrücker Land · Emsland · Oldenburger Münsterland · Grafschaft Bentheim
155 Ostbayern zwischen Donau und Inn
211 Ostfriesland · Oldenburger Land
168 Ostseeküste Mecklenburg-Vorpommern
157 Ostseeküste Schleswig-Holstein
215 Die Pfalz
194 Potsdam · Havelland
149 Rhein und Ruhr
127 Rhön
208 Rügen · Usedom · Hiddensee
161 Saarland
78 Sachsen
114 Sachsen-Anhalt
110 Sauerland
200 Schwäbische Alb
179 Seen in Mecklenburg und Lauenburg
147 Spessart
214 Spreewald · Lausitz · Märkisch-Oderland
139 Südschwarzwald
182 Tauber und Neckar · Stuttgart · Heilbronn · Rothenburg
173 Teutoburger Wald · Ostwestfalen
94 Thüringen
141 Thüringer Wald
202 Trier
163 Weimar · Erfurt · Nördliches Thüringen
123 Weserbergland
98 Westerwald · Taunus · Rheingau

BENELUX

187 Flandern · Brüssel
146 Holland – Inseln · Küste · Amsterdam
62 Luxemburg

FRANKREICH

160 Atlantikküste
122 Bretagne
217 Burgund
67 Côte d'Azur · Monaco
113 Elsass
102 Loire
132 Normandie
91 Paris
192 Provence
184 Südfrankreich · Languedoc-Roussillon

GRIECHENLAND · ZYPERN

193 Athen · Peloponnes
140 Griechische Inseln · Kykladen
189 Korfu · Ionische Inseln
81 Kreta
104 Rhodos · Dodekanes
166 Zypern

GROSSBRITANNIEN · IRLAND

158 Irland
197 Kanalinseln
175 London
144 Schottland
124 Südengland
216 Wales

ITALIEN · MALTA

195 Adriaküste · Emilia Romagna
126 Gardasee · Trentino
156 Golf von Neapel · Kampanien
128 Malta
210 Mittelitalien · Marken · Umbrien · Abruzzen
142 Oberitalienische Seen · Lombardei · Mailand
74 Riviera · Genua
105 Rom
136 Sardinien
92 Sizilien
201 Süditalien · Apulien · Basilikata
207 Südtirol
167 Toskana · Florenz
181 Venedig · Venetien · Friaul · Triest

MITTEL- UND OSTEUROPA

164 Böhmen
138 Budapest
148 Danzig · Ostsee · Masuren
120 Prag
152 St. Petersburg

ÖSTERREICH

162 Burgenland
170 Kärnten
199 Niederösterreich · Wachau
218 Oberösterreich
220 Salzburger Land · Salzkammergut · Salzburg
66 Steiermark · Graz
174 Tirol
47 Vorarlberg
206 Wien

SCHWEIZ

154 Basel · Bern · Aargau · Solothurn
115 Graubünden
172 Tessin
191 Westschweiz · Genfer See · Wallis
72 Zentral- und Ostschweiz

SPANIEN · PORTUGAL

130 Algarve · Lissabon
150 Costa Blanca · Valencia · Alicante
109 Costa Brava · Katalonien
83 Costa del Sol · Andalusien
176 Gran Canaria · Fuerteventura · Lanzarote
213 Ibiza · Formentera · Menorca
134 Madrid
212 Mallorca
203 Nordportugal
205 Nordspanien
177 Teneriffa · La Palma · Gomera · Hierro

SKANDINAVIEN

183 Bornholm
186 Jütland
180 Nordnorwegen
169 Südfinnland · Helsinki
106 Südnorwegen
118 Südschweden · Stockholm

In Vorbereitung

221 Korsika
222 Elsass
223 Andalusien

Überall im Buchhandel / Bahnhofsbuchhandel erhältlich oder zu bestellen unter Telefon 0711/7252-198, Fax 0711/7252-333